EUGEN E. HÜSLER, MANFRED KOSTNER

#GLÜCKS MOMENTE

IN

Südtirol

140 Orte & Erlebnisse,
die glücklich machen

BRUCKMANN

Inhalt

Vorwort	6
DER NORDWESTEN	9
Kitesurfen am Reschensee	10
Ein Kloster und sein Weinberg	12
Grüner Vinschgau: Darf es bio sein?	14
Glurns, das kleinste Städtchen Tirols	16
Whisky aus dem Weinland Südtirol	18
Ein wahrhaft eisiges Vergnügen	19
Die Churburg und ihre Rüstkammer	20
Ein fantastisches Open-Air-Atelier	22
48 Serpentinen zum Gipfel	24
Ein ganz besonderer Saft	26
Erdbeeren auf Eis	28
Ein Dreitausender!	30
Das Kräuterschlössl in Goldrain	32
Hanswirt, nicht nur ein Hotel	34
Peter Mitterhofer, Zimmermann	36
Onkel Taa und sein Reich	37
Gesund baden in der Kurstadt	38
Berge und Seen	40
Sisi war schon da	42
Immer am Wasser entlang	44
Eine Bühne der besonderen Art	46
♣ **GLÜCKSWEG**	48
Eine Reise in den Süden	48
Wandern mit Genuss	50
Eine echte Delikatesse	51

DER SÜDEN 53
Wo das Herz des alten Bozen schlägt — 54
Museion, ein moderner Kunsttempel — 58

🍀 GLÜCKSWEG 59
Über den Dächern von Bozen — 59

Der Mann aus dem Eis — 60
Frühling für Genießer — 62
Ein Grand Cru, nicht aus Trauben — 64

🍀 GLÜCKSTHEMA 66
Kunsthandwerk mit Tradition — 66

Paradies hoch über dem Sarntal — 67
Idylle in den Sarntaler Alpen — 68
Burg und Berge — 70
Burgenhopping im Überetsch — 72
Frühling im Überetsch — 76
Die Eislöcher von Eppan — 78

🍀 GLÜCKSWEG 80
Mit dem Rad durchs Überetsch — 80

Südtirols Badestrand: der Kalterer See — 82
Genuss pur: Südtiroler Weinkultur — 84
Eine Himmelfahrt auf die Mendel — 86
Geologisch interessantes, verstecktes Naturwunder — 88
Auf dem Zauberberg im Unterland — 90
Castelfeder, das Arkadien Südtirols — 92
Nomen est omen: die Haderburg — 94

DER NORDOSTEN 97

Auf den Spuren der Knappen	98
Tosende Wasser zwischen Marmorfelsen	100
Der Pretzhof im Pfitscher Tal	102
Brixen, die alte Bischofsstadt	106
Alte Mauern, junger Wein	108
Fast wie im hohen Norden	110
Ein besonderes Erlebnis: der Keschtnweg	112

✤ GLÜCKSTHEMEN 114
- Von Hütte zu Hütte, ein Wandertrend — 114
- Tirtlen nach Omas Rezept — 116

Shopping im Herzen Brunecks	117
Corones: Kronplatz	118
Wo die Gletscherwasser rauschen	122
Schätze aus dem Bergesinneren	123
Eindrucksvolle eiszeitliche Relikte	124
Das Hotel Autentis - My Südtirol Moment	126
Wandern am Antholzer See	127
Frühmorgens am Pragser Wildsee	128
Blumenwunder Leontopodium alpinum	130
Aus dem Dunkel ans Licht	132
Chris Oberhammer im Tilia	134
Glück auf zwei Rädern	136
Ein Platz zum Innehalten	138

DER SÜDOSTEN 141

Villnösser Herrlichkeiten	142
Der alte Poststeig	144
Ein Platz zum Verlieben	146
Luis Trenker, ein Mann der Berge	147
Klettern light: Klettersteig für Anfänger	148
Seiser Alm, die größte Hochalm Europas	152
Die Rauchhütte, ein Logenplatz	154
Ein Berg mit Profil	156
Die Spatzen aus Kastelruth	158

TOP 5

Märkte	56
Thermen und Bäder	104
Panoramaplätze	120

TOP 10

Weingüter	74
Berghütten	150

Ein ganz besonderes Bad	160
Schon die alten Rittersleut'	162
Der Kaffeeröster von Völs	164
Sport und Wellness im Tierser Tal	166
Sechs Felsspitzen: die Vajolettürme	168
Fern-sehen auf dem Gummerberg	170
Das Naturwunder unter dem Latemar	172
Das schönste Kurvenkarussell der Alpen	174

🍀 GLÜCK ZUM VERSCHENKEN 176
Traumhaus in einer Traumlandschaft	178
Heiligkreuz: La Crusc	180

🍀 GLÜCKSWEG 181
Vier Gipfel auf einen Streich	181

🍀 GLÜCKSTHEMEN 181
Wenn der Tag erwacht	182
Gänsehaut schon vor dem Frühstück	184
Finale furioso: Die Sonne verabschiedet sich	186

🍀 GLÜCK ZUM MITNEHMEN 188

Register nach Themen	190
Impressum	192

Vorwort

Glück ist ein flüchtiges Gut, leicht zu finden, schwer zu halten. Das soll mal ein Philosoph gesagt haben. Oft taucht es unerwartet hinter einer Biegung deines Lebensweges auf, als faszinierender Moment, der dich in seinen Bann zieht. Glück muss man allerdings zulassen, um es auch erleben zu können. Wer auf einen Berg rennt und dabei nur auf die Uhr guckt, wird es nicht erleben. Schade.

Glück setzt Lebensfreude voraus, es meidet den Misanthropen und den allzu Ehrgeizigen. Loslassen, genießen – das wärmt die Seele und macht glücklich. Ein Rendezvous mit Freunden, das abendliche Farbspektakel an schroffen Dolomitfelsen, eine Marende nach einer langen Wanderung, der Duft einer Frühlingswiese – alles Glücksmomente.

Südtirol, das mir längst zur zweiten Heimat geworden ist, bietet uns eine Fülle solch unvergesslicher Momente. Wer mit offenen Augen das Land an der Etsch und im Gebirg' durchwandert, ist per se ein glücklicher Mensch.

Viele glückliche Momente in Südtirol!

Ihr
Eugen E. Hüsler

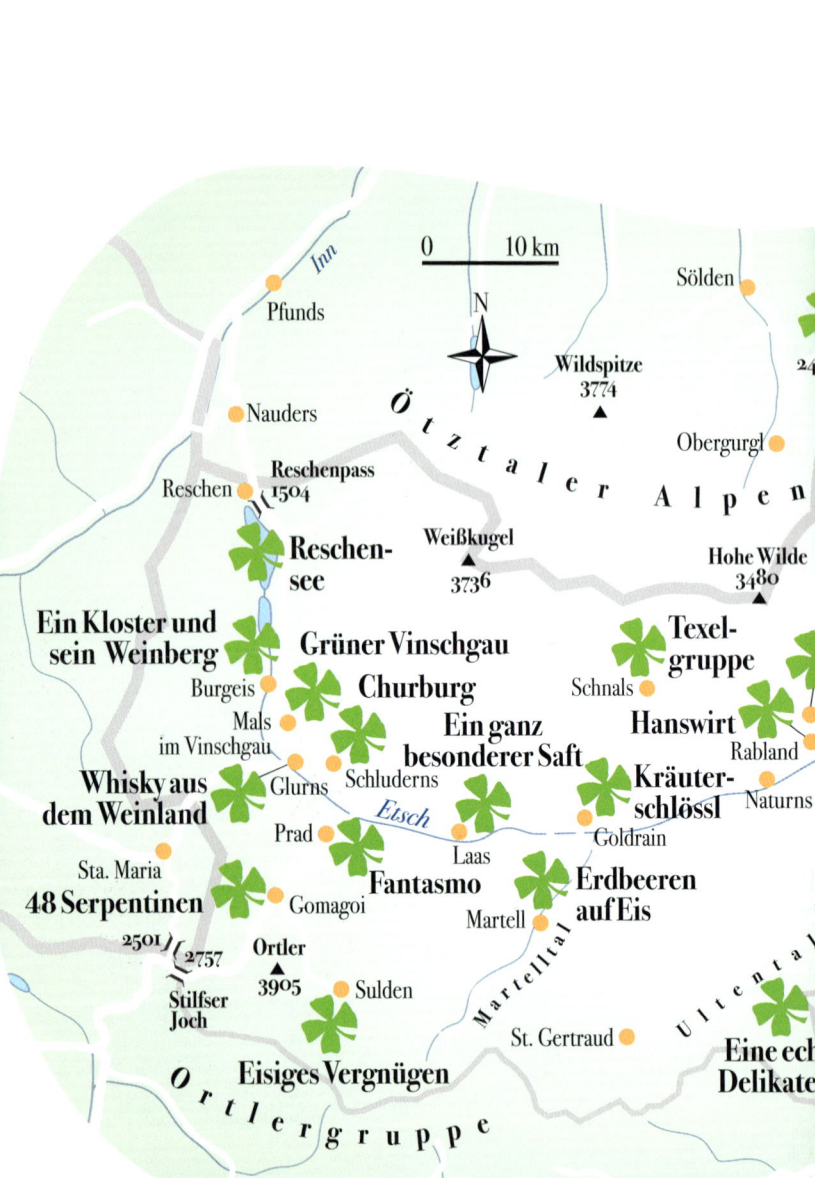

Der Nordwesten

Vinschgau und Meran

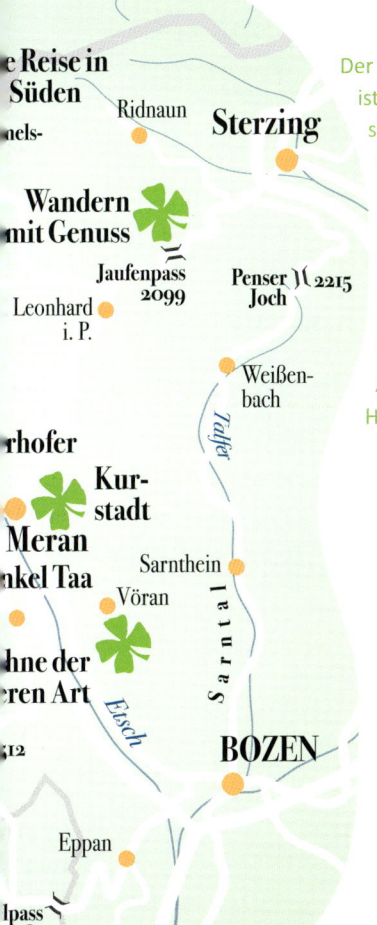

Der Vinschgau, von der Etsch entwässert, ist das tiefste Tal Südtirols, darum herum stehen die höchsten Gipfel des Landes, angeführt vom Ortler. Der monumentale Graben ist gleichzeitig Hochgebirge und Obstplantage. Ganz anders Meran, die alte Hauptstadt Tirols, zu K. u. K. Zeiten berühmter Kurort. Hier ist der Süden schon viel näher als die Gletscherberge, im Talboden stehen die Apfelbäume in Reih und Glied, an den Hängen gedeiht der Wein.

Kitesurfen
AM RESCHENSEE

Am Dreiländereck aufs Wasser und in die Luft

Der Reschenpass ist nach dem Brenner die tiefste Einsenkung im gesamten Alpenhauptkamm. Die zugigste dazu, vor allem an Föhntagen, und die sind hier ziemlich häufig. Das hat nicht nur die Kraftwerksbauer auf den Plan gerufen, die auf der Malser Haide zwei Windräder installierten (2012 wieder abgebaut), sondern auch die Anhänger einer jungen Sportart: Kitesurfen. Wind und Wasser braucht's dafür: Den Föhn liefert die Natur, der rund sechs Kilometer lange Stausee auf der Südtiroler Seite des Passes ist Menschenwerk. So flitzen die – zumeist jungen – Akteure dann übers Wasser und heben ab, um fantastische Figuren in den Himmel zu zeichnen. Da wird den staunenden Zaungästen einiges geboten, und wer das Glück hat, einem echten Profi zuschauen zu können, dürfte sich so seine Gedanken über Gravitation und Schwerelosigkeit machen … Kitesurfen lernen kann man bei einer der Schulen vor Ort.

Neben ordentlichen Adrenalinschüben genießt der *homo acrobaticus* garantiert echte Glücksgefühle. Wer diesen Kick nicht braucht, darf sich trotzdem aufs Wasser wagen. Von Juni bis September legt das Motorschiff »Hubertus« täglich in Graun für eine Rundfahrt auf dem Reschensee ab. Älteren Passagieren aus Oberbayern kommt das Schiff möglicherweise bekannt vor. 1937 erbaut, tat es 69 Jahre zuverlässig seinen Dienst auf dem Tegernsee. Blickfang auf der rund eine Dreiviertelstunde dauernden Rundfahrt ist – neben den Bergen rundum – der draußen im Wasser stehende Kirchturm von Alt-Graun, eines der beliebtesten Fotomotive Südtirols. Er stiehlt glatt dem mächtigen Firndom des Ortlers die Schau.

------

kiteboarding-reschen.eu,
www.schifffahrt-reschensee.com

Ein Kloster und SEIN WEINBERG

Marienberg – fast ein Jahrtausend Kirchengeschichte

Tibet in Südtirol, ein buddhistisches Kloster gar? Eher unwahrscheinlich. Trotzdem, auf der Fahrt vom Reschen über die Malser Haide hinab in den Vinschgau könnte man sich, wenn auch nur für einen Herzschlag, ganz weit weg wähnen. Beim Blick auf Marienberg nämlich. Mit seinen gewaltigen weißen Stützmauern erinnert es unwillkürlich an sein asiatisches Pendant, also Glaubensburgen hier wie dort, und Brüder im Geiste sind sie ja ohnehin. Die Botschaft der vom heiligen Benedikt im sechsten Jahrhundert ins Leben gerufenen Vereinigung passt wohl auch auf den Buddhismus: *ora et labora*. Im Fall der Benediktiner verhinderte sie allerdings nicht, dass Marienberg immer wieder in Streitigkeiten verwickelt wurde, wiederholt Plünderungen erlebte, auch während der Bauernaufstände, 1807 dann sogar (vorübergehend) aufgehoben wurde.

Heute ist Marienberg wieder ein Ort der Ruhe und der Einkehr. Wer die historischen Mauern nicht nur als Sehenswürdigkeit, sondern als Lebens- und Kraftraum begreift, spürt das bereits bei einem Kurzbesuch. Interessante Einblicke ins Klosterleben vermittelt das 2007 eröffnete Museum. Gezeigt werden auch die berühmten romanischen Fresken der Kirchenkrypta (um 1160) – allerdings nur in einem Video. Wer die ausdrucksstarken Figuren in natura erleben will, muss an einer Führung teilnehmen.

Achtung Weinbeißer: Gleich unterhalb der Klostermauer liegt der höchste Rebberg der Alpen, auf 1340 Metern über Meer! Hilde Van den dries, die bereits seit 2008 in Laatsch Wein anbaut, hat den der Sonne zugewandten Hang vom Kloster gepachtet und zieht hier absolute Spitzengewächse, natürlich bio. Gespritzt wird nicht, nach dem Motto: »Mit der Natur, für die Natur.«

Benediktinerstift Marienberg, Schlinig 1, I-39024 Mals, www.marienberg.it; Weinhof Calvenschlössl, Laatsch 102, I-39024 Laatsch/Mals, www.calvenschloessl.eu

GLÜCKSVERSTÄRKER

Nach der Klosterbesichtigung und einem Blick auf den Weinberg ist es Zeit für eine Pause. Im Klostercafé Invito gibt's Leckeres für den kleinen Hunger und natürlich auch den Marienberger Wein (weiß und rot) zum Probieren. Das bringt bei Kennern die Glückshormone in Wallung. Prosit!

Grüner Vinschgau:
DARF ES BIO SEIN?

Das Städtchen Mals – ein Vorreiter in Sachen Umwelt

Mals ist ein Städtchen, das man einfach mögen muss. Verwinkelte, krumme Gassen, gesäumt von stattlichen Häusern, fünf alte Türme dazu. Das verführt zu einer kleinen Sightseeingtour, bei der nicht nur so manches hübsche architektonische Detail zu entdecken ist, sondern sich auch immer wieder ein Blick auf den größten Tiroler bietet, den Ortler. Ganz unscheinbar gibt sich daneben das bedeutendste Sakraldenkmal des Ortes: St. Benedikt. Das Kirchlein, 1786 zur Rumpelkammer (!) degradiert, bewahrt Fresken aus karolingischer Zeit, vergleichbar mit jenen in Müstair und Naturns.

Doch Mals hält noch mehr Überraschungen bereit. Nicht nur, dass die Vinschger Bahn, 2005 endlich wieder eröffnet, zu einer echten Erfolgsstory wurde. An ihrer Endstation gibt es eine absolute Rarität zu bestaunen: ein Gleisfünfeck mit fünf Weichen und drei Kreuzungen, auf dem – ähnlich wie bei einer Drehscheibe – Loks gewendet werden können. In ganz Italien gibt's nur noch eine einzige ebenfalls funktionstüchtige Anlage dieser Art: auf Sardinien.

Und vor ein paar Jahren zeigten die Malser echten Pioniergeist. Bei einer Volksabstimmung entschied sich eine klare Mehrheit für eine pestizidfreie Landwirtschaft auf dem gesamten Gemeindegebiet. Da passt es doch prima, dass auch das erste Biohotel Italiens in Mals steht. Der Volksentscheid stieß auf ein geteiltes Echo und landete – wie erwartbar – vor Gericht. Es wäre schon kurios, wenn gerade der intensiv beworbene Alpenapfel zu einer Gefahr für umweltschonend arbeitende Bauern im oberen Vinschgau würde …

---

www.mals.it.
www.vinschgau.net

GLÜCKSVERSTÄRKER

Seit 2002 ist das Hotel Panorama Mitglied des Vereins zertifizierter Biohotels. In dem Familienbetrieb nimmt man den Anspruch sehr ernst, mit der Natur zu leben und zu arbeiten. Eingekauft wird bei Biobauern der Region, und im Garten direkt vor dem Haus wachsen und blühen nicht weniger als 70 verschiedene Kräuter. Beste Voraussetzungen für einen gesunden Urlaub.

Biohotel Panorama,
Staatsstraße 5, I-39024 Mals,
www.biohotel-panorama.it

Glurns, das kleinste STÄDTCHEN TIROLS

Mittelalter erleben – zumindest für einen Augenblick

Glurns gilt als das kleinste Städtchen Tirols, gerade mal so groß wie ein Dutzend Fußballfelder ist das mauerumgürtete Viereck: ein Stück Spätmittelalter, nach den Brandschatzungen der Graubündner im Schwabenkrieg (1499) entstanden. Viel hat sich seither nicht verändert, sieht man einmal von den Autos ab. Sie zwängen sich durch die schmalen Stadttore, belegen jede noch so kleine Parklücke. Das raubt dem Ensemble seinen herrlich verstaubten Charme. Dabei verbirgt sich hinter dem Mauerring mit seinen sieben Türmen und den drei Toren viel Sehenswertes: der krummste Laubengang im Land, der schmucke Stadtplatz, drei Hotels aus der »guten alten Zeit«, ein paar verwilderte Hinterhöfe, die erst jüngst restaurierte Mühle und zwei kleine Museen. Eines ist dem unvergessenen Karikaturisten Paul Flora (1922–2009) gewidmet, der mit spitzer Feder so manchen Missstand aufspießte. Obwohl er mit seiner Familie bereits als Bub nach Innsbruck übersiedelte, blieb er seinem Geburtsort zeitlebens verbunden.

Es ist Glurns und seinen 700 Einwohnern zu wünschen, dass der Ort bald einmal von all dem Blech auf Rädern befreit wird, seit mehr als 20 Jahren wird schon darum gestritten. Bis es dann vielleicht so weit ist, hilft nur eines: ganz früh aus den Federn und im Licht der noch tief stehenden Sonne einen Spaziergang unternehmen. Mir sind dabei beim Gang zwischen den alten Mauern ein paar Fußgänger, ein ratternder Bulldog und drei Autos begegnet. Die Luft war frisch, ein paar Vögel zwitscherten, eine Katze war unterwegs zur Mäusejagd.

Apropos Mäuse: Fragen Sie in der Bäckerei Riedl (Malserstraße 11), was es auf sich hat mit den schokosüßen Mäusen, die man dort kaufen kann.

Paul-Flora-Museum
im Kirchtorturm von Glurns,
Öffnungszeiten auf www.glurns.eu

DIE GROSSE TRAUBE   FLORA 07

Whisky aus dem
WEINLAND SÜDTIROL

Hochprozentiges aus der Puni Destillerie.

Südtirol ist ein Weinland, und deshalb verwundert es wenig, dass Traditionalisten einer Whisky-Brennerei vor den Toren des historischen Städtchens Glurns wenig abgewinnen können. Das Gebäude der Puni Destillerie passe so wenig hierher wie ihr Produkt: Whisky. Immerhin, der 13 Meter hohe Kubus hält Abstand zur mittelalterlichen Bausubstanz. Wer genauer hinguckt, stellt sogar fest, dass sich der renommierte Architekt Werner Tscholl von der Bautradition inspirieren ließ. Die aus roten Ziegeln bestehende Außenhaut des Baus nimmt Farben und geometrische Muster auf, wie man sie von Vinschgauer Heustadeln kennt. Der Gang ins Innere der Destillerie überrascht dann mit originellen Lichteffekten.

Natürlich kann man bei Puni die nach dem traditionellen schottischen Pot-Still-Verfahren mit reinem Bergwasser destillierten Whiskys verkosten, Führungen im Haus gibt es auch. Vielleicht gönnen Sie sich am Abend ein Glas *Puni Vina*? Das schafft garantiert gute Laune, zumindest bei Whisky-Liebhabern.

*Puni Destillerie, Am Mühlbach 2,
I-39020 Glurns, www.puni.com*

Ein wahrhaft
EISIGES VERGNÜGEN

Das Messner Mountain Museum Ortles in Sulden

Dass es am Ortler einen End-der-Welt-Ferner gibt, passt ja prima zu Reinhold Messners Museum in Sulden. Der Südtiroler war schließlich in den entlegensten Regionen der Welt unterwegs, im Himalaja und sogar in der Antarktis. Und das Eis ist Thema im Museum Ortles, die Gefahren und Schrecken ebenso wie Polfahrten und Eisklettern. Nicht fehlen darf in dieser Messner-Ausstellung natürlich der Himalaja-Schneemensch Yeti. Gezeigt wird weiter eine große Sammlung von Eisgeräten aus zwei Jahrhunderten, dazu gibt es viele Ortlerbilder zu sehen.

Auch die legendäre Antarktis-Expedition von 1914–17, geleitet von Ernest Shackleton, hat ihren Platz in der Ausstellung. Während draußen die Ferner als Folge des Klimawandels vor sich hinschmelzen, verspürt der Besucher im unterirdisch angelegten Museum möglicherweise ein leichtes Frösteln, zieht es ihn zurück ans Tageslicht. Eine Nacht in der Antarktis, bei Temperaturen von minus 50 Grad, nein danke! Können Glückshormone möglicherweise auch einfrieren?

Messner Mountain Museum Ortles,
Forststraße 32a, I-39029 Sulden,
www.messner-mountain-museum.it

Die Churburg
UND IHRE RÜSTKAMMER

Eine spannende Zeitreise im Haus der Familie Trapp

Südtirol ist Burgenland. Rund 800 Burgen zählt die Statistik, manche sind längst Ruinen, einige zu Hotels mit Mittelalterflair umfunktioniert, andere seit Jahrhunderten in Familienbesitz. Wie die Churburg der Grafen von Trapp, die sie im 16. Jahrhundert erwarben und im Stil der Zeit als Renaissanceschloss ausbauten. Der stattliche Baukomplex, Blickfang bei jeder Fahrt durch den oberen Vinschgau, gruppiert sich mit dem 26 Meter hohen, wuchtigen Bergfried um den mehrstöckigen, reich ausgeschmückten Arkadenhof.

Hauptattraktion der Churburg ist allerdings die Rüstkammer – keine Sammlung im herkömmlichen Sinn, sondern die »eiserne Garderobe« der Trapp und ihrer Kriegsknechte. Da bekommen kleine und große Buben leicht glänzende Augen. War schon toll, dieses Mittelalter mit all den Rittersleut', wo Kraft und Mut noch zählten. Andererseits: Der Churburg-Besucher des 21. Jahrhunderts, bewaffnet mit einem Smartphone, ist froh, dass ihm nicht Ulrich von Matsch in seiner Riesenrüstung gegenübersteht. Die wog nämlich 45 Kilogramm, eine echte Herausforderung für Pferd und Reiter. Der Ritter muss fast zwei Meter groß gewesen sein, und er galt als überaus streitlustig.

Churburg 1, I-39020 Schluderns, Führungen www.churburg.com

GLÜCKSVERSTÄRKER

Die Besichtigung der Churburg lässt sich prima mit einem Besuch im Vintschger Museum verbinden – eine kleine Zeitreise in die Geschichte des Obervinschgaus (Dauerausstellungen Schwabenkinder, Waalwesen, prähistorische Funde am Ganglegg). Vom Museum sind es nur ein paar Schritte zum Dorflodn Trafoier (Churburggasse 3a). Da gibt es allerlei Feines aus der Region zu kaufen: Speck, Käse, Obst, Marmeladen und vieles mehr.

Vintschger Museum, Meranerstr. 1, I-39020 Schluderns, www.vuseum.it

Ein fantastisches
OPEN-AIR-ATELIER

Begegnung mit dem »Indianer« von Prad und seinem Freilichtmuseum

Der mit dem Windhauch spricht. Der Prader Indianer also. Im Dorf Prad kennt ihn jeder, und viele der unzähligen Touristen, unterwegs zum Stilfser Joch, haben seine eigen- und einzigartigen Kunstwerke schon gesehen, für einen Moment wenigstens, beim Vorbeifahren halt. Wer anhält, aus- und dann einsteigt in das fantastische Reich des Lorenz Kuntner, betritt eine skurrile Welt fernab des digital getakteten Alltags. Da stehen Totempfähle, manche mit ausgebleichten Tierknochen geschmückt, gucken einen 100 bemalte Steine an. Für eine bescheidene »freiwillige Spende« darf man das alles gerne besichtigen. Lorenz unterhält sich auch mit seinen Besuchern, denn er hat eine Mission. »Ich habe indianischen Geist in mir«, sagt er. Sein Traum: ein Leben im Einklang mit der Natur, weit weg von jeder gesellschaftlichen Norm. Ein Außenseiter, das ist er, ja, aber ein sympathischer.

Mit Holz und Stein arbeitet Lorenz Kuntner am liebsten, alles hat er in der Nähe gefunden, geborgen, Eisenteile auf der Abfalldeponie entdeckt. Entstanden ist im Lauf der Jahre ein Garten voller Wunder, gestaltet von einem Mann mit überbordender Fantasie. Kinder haben da ihre helle Freude, vielleicht sehen sie in Lorenz einen Seelenverwandten, der auf zauberhafte Weise den Weg aus der Arbeits- und Konsumwelt zurück zu ihnen gefunden hat. Ob er Künstler sei, wird Lorenz oft gefragt. »Wenn 100 Besucher vorbeikommen und alle behaupten, dass ich ein Künstler bin, dann bin ich halt ein Künstler.« Wer mit dem Windhauch sprechen kann, muss einfach ein Künstler sein. Ein Mensch aus einer anderen Welt. Einer besseren vielleicht.

Informationsbüro Prad am Stilfser Joch, Kreuzweg 4c, I-39026 Prad am Stilfser Joch, www.vinschgau.net

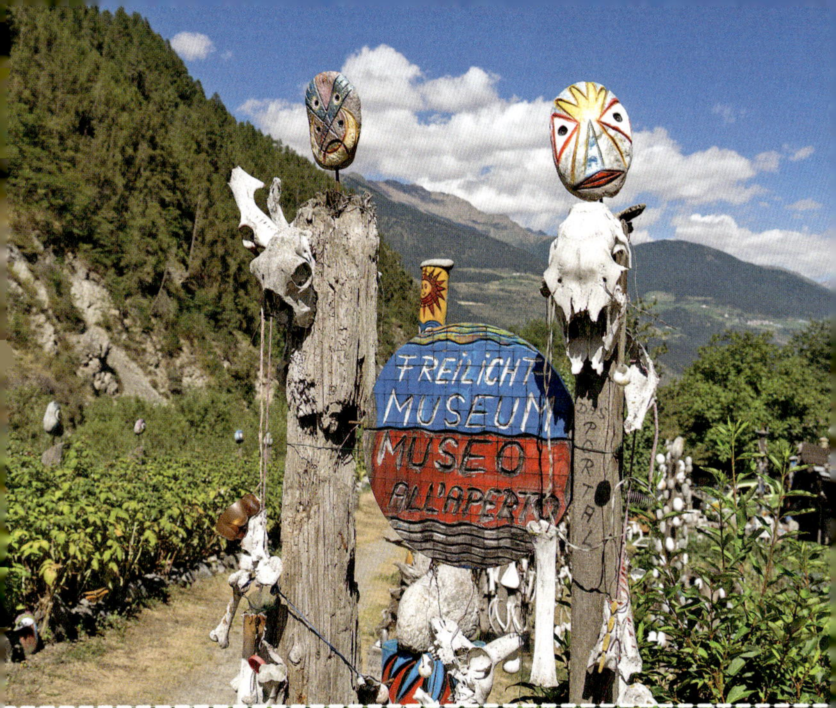
FREILICHT-
MUSEUM
MUSEO
ALL'APERTO

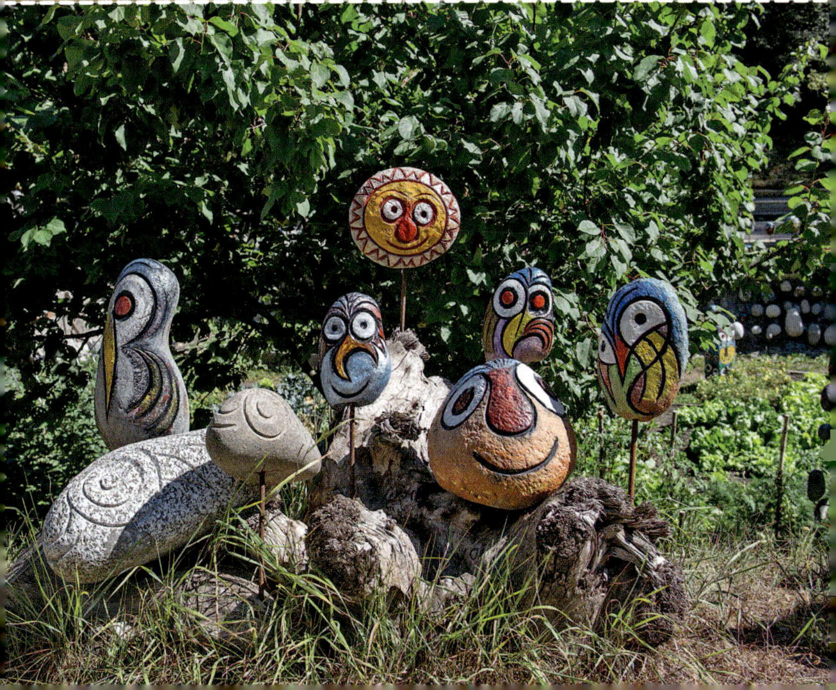

48 Serpentinen
ZUM GIPFEL

Der Mythos Stilfser Joch, ein perfektes Kurvenspektakel

Jeder Sport hat seine Mythen: Wimbledon, die Nordwand des Eigers, die Tour de France. Als ein Highlight der fast vierwöchigen Schinderei auf den Straßen Frankreichs gilt der Anstieg zur Alpe d'Huez mit seinen 24 Serpentinen – alle nummeriert und nach Siegern vergangener Jahre benannt. Möglicherweise noch einen Tick berühmter bei Radsportfans ist das Stilfser Joch, mit 2757 Metern Scheitelhöhe einer der höchsten Alpenpässe überhaupt. Da quälen sich dann mehr oder weniger gut trainierte Freizeitsportler durch die 48 Serpentinen, mal links-, dann wieder rechtsherum. Die Linkskurven sind etwas angenehmer, weil man da außen fährt, die Steigung wenigstens für ein halbes Dutzend Pedaltritte geringer ist. Längere Flachstücke bietet die Straße des Signore Donegani aus Brescia nicht. Der Ingenieur und Bauleiter am Stilfser Joch wurde übrigens später in den Adelsstand erhoben: Nobile dello Stelvio.

Bei der Franzenshöhe kommt das Ziel – endlich! – in Sicht. Du schaltest einen Gang zurück, gehst kurz aus dem Sattel, suchst einen gleichmäßigen Rhythmus. Ein Schluck aus dem Bidon, ein Blick hinauf in die finale Mauer zum Pass, auf die letzten zwanzig Serpentinen. Jetzt nur nicht nachlassen, auch wenn die Beine schon schwer werden. Kaum ein Blick gilt der grandiosen Eis- und Felskulisse, mit dem schneeweißen Dach des Ortlers. Ganz langsam nur rückt die Scheitelhöhe näher, du wischt dir den Schweiß aus den Augenwinkeln, mobilisierst die letzten Kräfte. Noch eine Kurve, dann Autos am Straßenrand, das Schild: Passo dello Stelvio. Geschafft.

Was für ein Glücksmoment! Die ganze Schinderei wie weggeblasen, vergessen: pures Glück. Du lässt es auslaufen, fühlst dich wie ein Sieger. Bist du auch.

---

www.quaeldich.de

Ein ganz BESONDERER SAFT

Genussprodukte aus dem Kandlwaalhof von Karl Luggin

Laas hat nicht nur seinen berühmten weißen Marmor, hier gedeihen auch ganz besondere Früchte wie eine aus Armenien stammende aromatische Marille *(Prunus armeniaca)*. Und dann ist da noch der Weirouge, eine seltene Apfelsorte, identisch mit dem 1915 in Russland gezüchteten »Roten Mond«. Das Rot bzw. *rouge* im Namen hat sie nicht zufällig, ist doch nicht nur die Schale von leuchtendem Rot, sondern auch das Fruchtfleisch. Darin unterscheidet sich der Weirouge von allen anderen Apfelsorten.

Ursache für diese Eigenheit ist der extrem hohe Gehalt an Anthocyanen. Diese Farbstoffe kommen übrigens in vielen Pflanzen vor (unter anderem in Himbeeren, Trauben, Blutorangen und Kirschen). Dass Anthocyane als gesundheitsfördernd gelten, ist in unserer auf Selbstoptimierung getrimmten Gesellschaft bestimmt ein gutes Verkaufsargument. Als Tafelapfel ist der Weirouge allerdings nur bedingt geeignet, er ist schlicht zu sauer. Deshalb presst Karl Luggin aus seinen »Roten« einen naturbelassenen Saft. 100 Prozent Natur, die einfach köstlich schmeckt!

Im Kandlwaalhof gibt's nicht bloß Apfelsaft, das Sortiment des Hofladens umfasst auch Apfel-, Kräuter- und Früchteessig, dazu Trockenobst und Senf in verschiedenen Varianten.

Kandlwaalhof, Unterwaalweg 10, I-39023 Laas, www.luggin.net

GLÜCKSVERSTÄRKER

In Laas ist das »Weiße Gold« allgegenwärtig. Der Brunnen auf dem Dorfplatz ist aus Marmor, die Pflastersteine, ebenso die Apsis der Pfarrkirche, die Gehsteige. Was liegt da näher als ein Abstecher zum Werksgelände gleich neben dem Bahnhof? Da werden im Sommerhalbjahr auch Führungen angeboten.

Marmor-Erlebnisführungen, Vinschgaustr. 52, I-39023 Laas, www.marmorplus.it

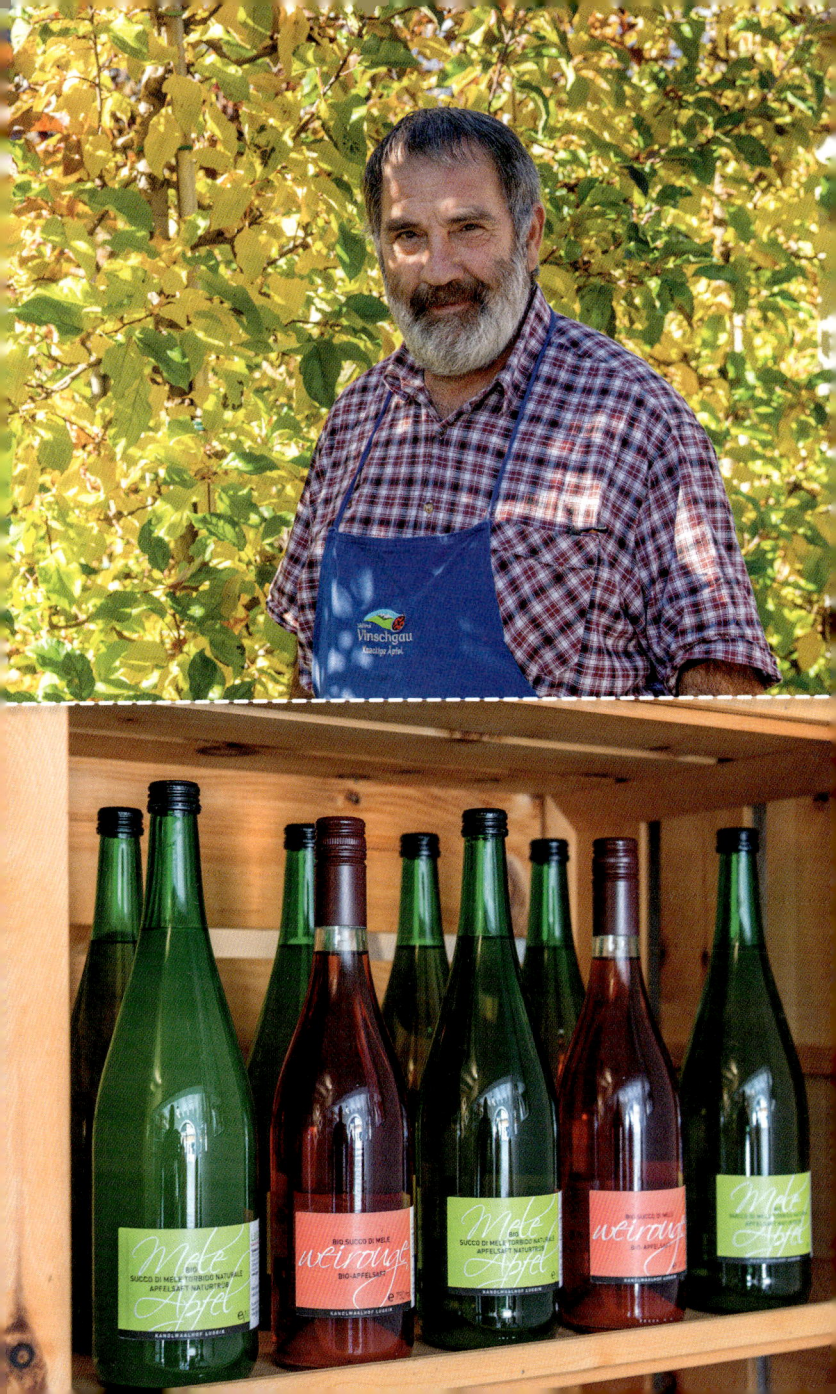

Erdbeeren
AUF EIS

Eine besondere Köstlichkeit aus dem Martelltal

Wie die Kartoffel stammt auch die Gartenerdbeere aus Amerika. Dass sie ausgerechnet in dem kühl-frischen Martelltal eine Heimat gefunden hat, nur ein paar Kilometer von den Ortlergletschern entfernt, ist schon erstaunlich. Auf fast 100 Hektar wachsen beiderseits der Plima die besten Erdbeeren Südtirols. In Höhenlagen bis an die 1700 Meter werden sie geerntet, und dabei gilt: je höher, desto später, dafür aber auch umso aromatischer. Gepflückt wird von Juni bis in den September, immer weiter ansteigend über den Sommer.

In den 1960er-Jahren wurde mit dem Anbau der schmackhaften *Fragaria* begonnen, mittlerweile kommt die Marteller Erdbeere auch in manchen Gourmetlokalen auf den Tisch. Ende Juni findet im Freizeitzentrum Trattla jeweils das Erdbeerfest statt, bei dem die Erdbeerkönigin gekürt wird. Sie schneidet dann zusammen mit lokaler Prominenz den größten Erdbeerkuchen der Welt an (Eigenwerbung). Ob die Erdbeerkönigin auch so rote Backen hat, weiß ich nicht …

Zum touristischen Angebot gehört inzwischen auch ein Erdbeerweg, acht Kilometer lang ist er, gut ausgeschildert und natürlich mit Informationstafeln bestückt. Etwa zweieinhalb Stunden ist man links und rechts der Plima unterwegs. Nicht unbedingt sehr anstrengend, aber wer hätte hinterher nicht Lust auf ein leckeres Eis, garniert natürlich mit den feinen Beeren aus dem Tal?

GLÜCKSVERSTÄRKER

Für einen längeren Aufenthalt im Martelltal bietet sich das Hotel zum See an. Es liegt am oberen Ende des Zufrittsees und bietet einen Prachtblick auf die vergletscherte Zufallspitze. Und noch weit mehr: gemütliche Zimmer, eine feine Küche und freundliche Gastgeber.

Hintermartell 207, I-39020 Martelltal,
www.hotelzumsee.com

www.martell.it/de/beeren
Freizeitzentrum Trattla im Marteller Nationalparkhaus,
www.facebook.com/bar.trattla

Ein DREITAUSENDER!

Ein großes Ziel: die Hintere Schöntaufspitze

Manche Ziffern haben ihre eigene Magie. Die Acht etwa, da weiß jeder Bergsteiger, was gemeint ist: die Achttausender, also die höchsten Berge der Welt. Oder die Drei. Die steht für Dreitausender, und davon gibt es in den Ostalpen ein paar Hundert. Allein im Ortlermassiv listen die Geografen etwa 70 Erhebungen (ohne unbedeutende Nebengipfel) dieser Kategorie auf. Einigen haben die Alpenvereine freundlicherweise einen markierten Weg verpasst, was die Besteigung wesentlich erleichtert. Wie der Hinteren Schöntaufspitze, in der Wanderkarte mit 3325 Metern Gipfelhöhe ausgewiesen. Wer in Sulden oder im Martelltal unterwegs und einigermaßen gut zu Fuß ist, kann da leicht in Versuchung geraten. Ein Dreitausender!

Kürzer ist der Aufstieg von Westen, schöner jener aus dem Innermartell, weil der Massenskilauf hier noch nicht angekommen ist. Die rund 1300 Höhenmeter bis zum Gipfel sind ein ordentliches, aber kein überforderndes Tagespensum. Schwierigkeiten bietet der Anstieg kaum, eher schon die recht dünne Luft. Nach gut vier Stunden kann man die Fahne hissen: geschafft! Das Panorama ist atemberaubend, einmalig der Blick auf die drei größten Gipfel des Gebirges: Königsspitze, Monte Zebrù und Ortler (3905 Meter). Erstbesteiger des »höchsten Spitz in Tyrol« war 1804 Joseph Pichler mit Begleitern: »Um 1.30 Uhr morgens verließen die drei Männer das Dorf Trafoi, stiegen zu dem Unteren Ortlerferner und dann zu den Hinteren Wandln empor, worauf sie über den Oberen Ferner nach 10 Uhr die Spitze erreichten.« Und das ohne Seil und Pickel!

Ganz so hoch hinaus geht's an der Schöntaufspitze nicht – Glücksgefühle sind trotzdem garantiert.

GLÜCKSVERSTÄRKER

Die 3000er-Expedition gewinnt erheblich, wenn man sie mit einer Übernachtung in der Zufallhütte verbindet. Die genießt beim Bergsteigervolk keineswegs zufällig einen sehr guten Ruf. Ihren Namen hat sie übrigens von den Wasserfällen der Plima (zu Fall), und seit Kurzem gibt es sogar einen spektakulären Weg, der am Wasser entlang hinauf zur Hütte führt (1 Std.).

www.zufallhuette.com

Das Kräuterschlössl
IN GOLDRAIN

Wo die feinen Düfte wohnen – ein Hofladen und mehr

Schlösser gibt es im Vinschgau viele, steinerne Zeugen der Geschichte Südtirols, manche vor 1000 Jahren erbaut. Nicht ganz so alt ist ein ganz besonderes Schloss bei Goldrain. Hier trifft man weder Rittersleut' noch Landsknechte, dafür riecht es im Kräuterschlössl garantiert viel besser. Die Familie Gluderer hat einen Garten Eden geschaffen, ein Paradies der Düfte. Erstaunlich, was Fantasie und handwerkliches Können alles entstehen lassen: Gewürzmischungen, Kräuternudeln, Fruchthonige, verschiedene Tees, Räuchermischungen.

Sogar Kräuterkosmetik steht auf der weit gefächerten Produktpalette, darunter *Messner Mountain Magic*. Reinhold Messner, der Bergsteiger und Abenteurer, als Duftwolke? Beworben wird etwa das Parfüm »Manaslu« recht blumig: »Ein bezauberndes Gefühl umhüllt den Mann, welcher die Frische und Reinheit der Bergluft liebt. Die Aromen von Kiefer und Wacholder, Edelweiß und dem Extrakt von Goldmelisse, einer typischen Pflanze vom Kräuterschlössl, verleihen diesem Parfüm eine herbe Note, welche ein Gefühl von Freiheit und Potenz erweckt.« Genau das Richtige für echte Kerle.

Amor war wohl auch bei der Planung des Liebesgartens auf dem Dach des Schlössls beteiligt, mit immerhin 50 verschiedenen aphrodisierenden (!) Pflanzen und einer bezaubernden Aussicht übers Tal auf die Berge.

Schanzenstr. 50, I-39021 Goldrain, www.kraeuterschloessl.it

GLÜCKSVERSTÄRKER

Von einem Schloss zum anderen. Der Besuch im Kräuterschlössl lässt sich leicht mit einem Abstecher nach Schloss Juval verbinden. Der Wohnsitz von Reinhold Messner thront nur wenige Kilometer weiter etschabwärts auf einer Anhöhe über der Mündung des Schnalstals (Messner Mountain Museum).

Juval 1, I-39020 Kastelbell, www.messner-mountain-museum.it

Hanswirt,
NICHT NUR EIN HOTEL

Lust auf eine Südtirolreise mit der (Modell-)Eisenbahn?

Seit 2005 haben die Vinschgauer ihre alte Bahnlinie wieder, verkehren auf der 60 Kilometer langen Strecke zwischen Meran und Mals im Halbstundentakt die modernen Züge von »Stadler Rail«. Da passt es natürlich, dass nur vier Jahre nach der Wiedereröffnung in Rabland eine weitere Eisenbahn ihren Betrieb aufnahm: die Eisenbahnwelt in der umgebauten Scheune des Hotels Hanswirt. Im Eingangsbereich stimmt die Fantasielandschaft »Mittelgebirge« den Besucher auf das Erlebnis ein.

GLÜCKSVERSTÄRKER

Die Bahnfahrt en miniature lässt sich bestens mit einem Aufenthalt im Hanswirt verbinden. Das Vier-Sterne-Haus bietet komfortable Zimmer und Suiten sowie einen Wellnessbereich samt Außenpool. Hier verbinden sich Tradition und Moderne auf gelungene Weise. Auch die Küche – vielfach ausgezeichnet – lässt keine Wünsche offen.
www.hanswirt.com

Das Herzstück der Anlage befindet sich im ersten Stock. Auf insgesamt 400 Streckenmetern verkehren 40 Züge, mit viel Liebe fürs Detail (7000 Figuren!) sind verschiedene Ensembles im Maßstab 1:87 gestaltet: Ortschaften, Bahnhöfe, Schlösser und Klöster. Da fahren Züge über den Brenner, von Brixen durch das Eisacktal hinunter nach Bozen und durch das Etschtal nach Meran. Weiter geht die Reise durch den Vinschgau nach Mals, durch Apfel- und Marillenplantagen, vorbei an so manch alter Burg. Detailgetreu nachgebildet ist auch der Laaser Schrägaufzug, mit dem die gewaltigen Marmorblöcke ins Tal transportiert wurden. In der Kinderecke können sich die Kleinen sogar als Lokführer versuchen. Fazit: ein Vergnügen für die ganze Familie, Väter inklusive. Die dürften beim Anblick all der kleinen Technikwunder vermutlich glänzende Augen bekommen. Nostalgie pur. Und echte Glücksmomente!

Geroldplatz 3,
I-39020 Rabland,
www.eisenbahnwelt.eu

Peter Mitterhofer, ZIMMERMANN

Von der Hand- zur Maschinenschrift

Den Erfinder der Schreibmaschine würde man vielleicht in einer der großen Industriestädte Europas vermuten oder in den USA. Aber im Vinschgauer Bauerndorf Partschins? Doch ausgerechnet hier bastelte der gelernte Zimmermann Peter Mitterhofer 1864 sein erstes Modell zusammen, das er in den Folgejahren laufend verbesserte. So gilt Mitterhofer (1822–1893) heute als einer der Erfinder der Schreibmaschine, neben Giuseppe Ravizza, Léon Foucault, Rasmus Malling-Hansen und anderen.

Kommerzieller Erfolg war ihm allerdings keiner beschieden. Erst spät erinnerte man sich in seinem Heimatort wieder an den genialen Tüftler, baute ihm sogar ein Museum. Auf vier Etagen kann man eintauchen in eine Welt kunstvoller Mechaniken. Mehr als 2000 Exponate dokumentieren die Entwicklung von der Erfindung der ersten Geräte bis (fast) zum Beginn des Digitalzeitalters. Das garantiert (nostalgische) Glücksgefühle bei allen, die ein Faible für Technik haben. Übrigens: Von der klassischen Schreibmaschine hat nichts überlebt – bis auf die Tastatur. Immerhin.

www.schreibmaschinenmuseum.com

Onkel Taa
UND SEIN REICH

Das K.-u.-k-Museum im ehemaligen Bad Egart

Die Töll ist geografisch die Grenze zwischen dem Vinschgau und dem Meraner Talbecken, die Etsch trennt Partschins, dessen Häuser links des Flusses den Hang hinaufklettern, und Bad Egart. Da wird zwar längst nicht mehr gebadet, dafür gibt es hier ein herrlich kreatives Durcheinander zu bewundern: Habsburger Antiquitäten, Südtiroler Folklore und Freilichtmuseum mit Kunst und Kuriosem. Onkel Taa herrscht mit königlicher Grandezza (und Zigarre) über sein Nostalgiemuseum, und das winzige Restaurant verspricht sogar »kaiserlichen Genuss«. Das garantiert echte Glücksgefühle bei den Besuchern!

Ein Tipp: Wer sich mit der Seilbahn vom Bahnhof Rabland nach Aschbach (1362 Meter) hinauftragen lässt, hat eine schöne Bergabwanderung zur Etsch vor sich. Sie endet nach etwa zwei Stunden am ehemaligen Bad Egart. In Aschbach genießt man zum Auftakt die prächtige Aussicht über den unteren Vinschgau und seine Berge, zwingender Abschluss ist ein Besuch in Onkel Taas Restaurant. Da gibt es (neben anderen Köstlichkeiten)

Kaiser Franz Josephs Lieblingssuppe. Schmeckt prima!

Restaurant Onkel Taa, Bahnhofstr. 17, I-39020 Töll, www.onkeltaa.com

Gesund baden
IN DER KURSTADT

Die Therme des Matteo Thun und das Jugendstil-Kurhaus

Ein leiser Hauch von Tausendundeiner Nacht umweht den Badegast, vor allem abends, wenn sich der Himmel über Meran rötlich verfärbt und zusammen mit dem blauen Licht der Therme ein fast unwirkliches Farbspektakel aufführt. Nur ein paar Meter von der Passer entfernt sprudelt und perlt es hier ebenfalls: in dem 2005 eröffneten Wellnesspalast mit seinen 25 Pools, Saunen, Dampfbädern, dem Fitnesscenter und einem schönen Park mit prächtigem Baumbestand. Entworfen wurde der lichtdurchflutete Bau von Matteo Thun. Klare Linien schaffen ein besonderes Raumgefühl, stehen für Weite und Ruhe. In der zentralen Halle mit ihren sechs Pools dominieren – neben Glas – Natursteine, die Böden sind aus Granit.

Herausragende Architektur findet sich auch auf der anderen Seite der Passer: Das Meraner Kurhaus, ein Juwel des Jugendstils, entstand in mehreren Etappen und wurde erst 1914 mit der großen Kuppel und dem Kursaal vollendet. Architekt war der Wiener Friedrich Ohmann, dem ein noch weit größerer Komplex vorschwebte. Der Ausbruch des Ersten Weltkriegs setzte dem Kurbetrieb und den hochfliegenden Plänen dann ein abruptes Ende. Die Idee zum Bau eines neuen, repräsentativen Kurhauses stammte übrigens von Josef Valentin Haller, dem langjährigen Bürgermeister Merans, das er vom schlechten Ruf eines »Kuhstadtl« befreien wollte. Das ist ihm gelungen. Nicht zuletzt mit Hilfe einer jungen Dame aus Wien, die 1870 erstmals in der Kurstadt weilte: Kaiserin Elisabeth. Ihr steinernes Ebenbild sitzt an der Sommerpromenade, und über den Sissi-Weg kommt man zu Fuß zum Schloss Trauttmansdorff, in dem die Kaiserin logierte. Meran, eine Stadt zwischen Nostalgie und Aufbruch. Das reicht garantiert für ein paar Glücksmomente!

Kurverwaltung, Freiheitsstr. 45, I-39012 Meran, www.meran.eu

Berge
UND SEEN

Vorhang auf am Hochgang – vor den Spronser Seen

Spannung und Highlights. Davon lebt das Kino, und bei mancher Wanderung verhält es sich ganz ähnlich. Auch bei der großen Seenrunde in der Texelgruppe. Den Auftakt macht die Seilbahnfahrt zum Hochmuth, die lediglich ein paar Minuten dauert. Entschieden länger ist man dann – auch bei recht zügigem Gehtempo – zum Hochganghaus (www.hochganghaus.it) unterwegs. Da bietet sich eine Rast an, Cappuccino inklusive. Eine kleine Stärkung kann auf keinen Fall schaden, denn der Anstieg zum Hochgang hat's durchaus in sich, bringt auch gut Trainierte ins Schwitzen. Oben am Joch (das seinen Namen wirklich verdient) öffnet sich – ganz unvermittelt – der Vorhang, und man steht vor einem wie von Göttern gemalten Bild: Berge in Braun und Grün, mittendrin der tiefblaue Langsee.

Die Spronser Seenplatte versteckt sich, von keiner Seite einsehbar, mitten in der Texelgruppe. Und weil das gesamte Massiv heute unter Naturschutz steht, gibt's rund um die Hochgebirgsseen weder Straßen noch Lifte. Hier sind nur Fußgänger unterwegs, ordentlich trainierte, denn alle Wege zu dem Südtiroler Naturwunder sind weit, die Höhenunterschiede beträchtlich.

Man umrundet den Langsee im Uhrzeigersinn, steigt nach einem Abstecher zum Milchsee kurz ab zum Grünsee und – vorbei am winzigen Mückensee – weiter zur Einkehr am Oberkaser (www.oberkaseralm.it).

Der Rückweg ist dann mehr Höhenwanderung als Abstieg. Am Pfitscher Schartl verlässt man die Seenplatte und folgt dem Jägersteig hoch über dem Spronser Tal bis hinaus zum Mutkopf, ganz allmählich an Höhe verlierend. Zuletzt geht's im Wald steil bergab zur Seilbahnstation Hochmuth, dem Start- und Zielpunkt der großen Runde.

Fazit: die schönste Filmaufführung seit Langem, in Zeitlupe und draußen. Und die Regie ist wahrhaft oscarreif.

www.visit-meran.it/spronser-seen

Sisi war SCHON DA

Das Gartenwunder rund um Schloss Trauttmansdorff

Merans jüngste, bunteste und fein duftende Sehenswürdigkeit liegt östlich außerhalb der Stadt: die Gärten von Schloss Trauttmansdorff. Auf einer Fläche von rund zwölf Hektar entfaltet sich eine Pflanzenwelt, die buchstäblich bis ans Ende der Welt reicht, dabei aber die Landschaften Südtirols nicht übersieht. So stehen hier ein Olivenbaum aus Sardinien, immerhin 700 Jahre alt, und eine *Wollemia nobilis*, ein Nadelbaum, der als ausgestorben galt, dann aber in Australien wiederentdeckt wurde.

Dem Besucher bietet sich ein faszinierendes Spektakel, das sich übers Jahr ständig wandelt: Natur in 1000 Facetten, sich immer wieder neu erfindend. Die Saison startet im Frühling mit einer wahren Farbenorgie. Überall blüht es, man kann das Leben riechen, und das Auge ist überwältigt von einer einmaligen Vielfalt. Die Gärten verwandeln sich in einen Blumenteppich: Narzissen, Tulpen und Kaiserkronen mit ihrem typischen Laubblattschopf, Ranunkel, Islandmohn und viele andere Pflanzen sorgen für ein herrlich buntes Bild, Kamelien und japanische Zierkirschen für exotische Akzente. Im Sommer verströmt das Lavendelfeld unterhalb des Schlosses seinen lila Provence-Duft, im großen Teich schwimmen Seerosen und Lotosblüten. Der Herbst bringt die Laubbäume zum Leuchten, ihre Blätter verfärben sich rot und gelb, Trauben, Granatäpfel und Oliven reifen. Und auf den Gipfeln der Texelgruppe liegt bereits der erste Schnee. Was für ein Zauber!

Im neugotischen Schloss Trauttmansdorff, in dem Sisi während ihrer Meranaufenthalte gerne logierte, ist heute das Touriseum untergebracht. Es thematisiert auf originelle Weise die Geschichte des Südtiroler Fremdenverkehrs.

Schloss Trauttmansdorff,
St.-Valentin-Str. 51a, I-39012 Meran,
www.trauttmansdorff.it,
April – Mitte Okt. tgl. 9–19,
Mitte–Ende Okt. 9–18,
Anfang–Mitte Nov. 9–17 Uhr

Immer am WASSER ENTLANG

Der Marlinger Waalweg: zwölf Kilometer von Töll nach Lana

Wasserwosser – damit ist jenes Wasser gemeint, das von den Bergen auf die Kulturflächen in Talnähe geleitet wird, oft über Kilometer, auch durch felsiges Gelände. Dass diese Bewässerungsmethode gerade im Vinschgau und in der Meraner Gegend starke Verbreitung fand, hat einen simplen Grund: ein schroffes Landschaftsprofil, das für viel Sonne, aber nur wenig Niederschlag sorgt. So etwas freut Urlauber, bereitete den Bauern aber schon immer Probleme. Doch Not macht erfinderisch. Wasser gibt es ja genug, vor allem im Sommer. Da schwitzen die Gletscher der Ötztaler Alpen und des Ortlermassivs ordentlich, doch auf den – überwiegend sonnseitigen – Hängen über der Talsohle kommt nur wenig davon an. Also baute man Kanäle mit meist geringem Gefälle, die das begehrte Nass aus den Bergen heraustrugen. Im Zielgebiet wurde das Wasser dann auf die Felder verteilt, nach Maßgabe der Waalordnungen.

Der längste wasserführende Waal Südtirols verläuft rechts der Etsch und führt von der Töll zwölf Kilometer weit bis nach Oberlana. Initiiert wurde sein Bau durch die Mönche des Kartäuserklosters im Schnalstal, die ihre Weingüter in der Marlinger Gegend ausreichend mit Etschwasser versorgt wissen wollten. Die Kosten liefen dann ziemlich aus dem Ruder, was zum Streit zwischen den Kartäusern und den Bauern in Marling führte. Erst 19 Jahre nach dem ersten Spatenstich ging der Waal in Betrieb (1756). Längst ist er ein Hit unter den Meraner Wanderwegen, man spaziert, begleitet vom Wasser, von der Töll nach Lana, stets den Meraner Talkessel und den Hausberg der Kurstadt, den Ifinger, im Blick. Infotafeln am Weg vermitteln Wissenswertes über das Südtiroler Waalwesen.

www.merano-suedtirol.it > Aktivurlaub > Wandern > Marlinger Waalweg

GLÜCKSVERSTÄRKER

Wandern ist gesund, macht aber auch hungrig. Wer seine Brotzeit nicht im Rucksack dabeihat, hält unterwegs gerne nach einem Wirtshaus Ausschau. Und das ist am Marlinger Waalweg nie allzu weit. Gleich ein halbes Dutzend Einkehren, schön verteilt auf die gut dreistündige Strecke, laden zu einer längeren Rast, mit Aussicht auf den Meraner Talkessel.

Eine Bühne
DER BESONDEREN ART

Das Knottnkino bei Vöran – bester Ausblick auf das Etschtal

Ins Kino gehen wir eigentlich (fast) alle gern, trotz TV, Netflix und dem ganzen Reigen von Angeboten der digitalen Zerstreuungsindustrie. Das gute alte Kino vermittelt seit seinen Stummfilmzeiten ein echtes Gemeinschaftserlebnis, bringt einen leicht zum Lachen, Träumen und Weinen. Ganz so emotional aufgeladen wie »Vom Winde verweht« oder »Doktor Schiwago« ist die Vorstellung, die im Freilichtkino auf einem Porphyrfelsen oberhalb von Vöran – dem Knottn – geboten wird, allerdings nicht. Der Film, der vor den Zuschauern abläuft, ist nämlich immer der gleiche, allerdings in vielen verschiedenen Facetten, je nach Wetter, Tages- und Jahreszeit. Hauptdarsteller: die Südtiroler Landschaft in ihrer ganzen Vielfalt.

Gewissermaßen zu Füßen des Betrachters erstreckt sich das Etschtal, im Frühling ein weißes (Apfel-)Blütenmeer, das man von Meran bis fast zur Salurner Klause überblickt, im Norden, über der Kurstadt, bauen sich die Texelgruppe und ein paar Dreitausender des Ötztaler Hauptkamms auf, rechts flankiert von Stubaier Gletschergipfeln und – sozusagen auf Halbdistanz – Ifinger und Co. Blickfang im Südosten sind die Dolomiten mit Rosengarten und Latemar, dazwischen spitzeln ein paar Palazacken ins schöne Bild. Und im Westen zeigen sich, wirkungsvoll aufgereiht, die Berge rund um das Ultental. Was für eine Schau! *Cinema naturale* vom Feinsten, wie es die Cinecittà in Rom nicht besser hätte erfinden können.

30 Klappstühle hat der Künstler Franz Messner vor rund 20 Jahren hier aufstellen lassen, an einem herrlichen Platz im schönsten Lichtspielsaal der Alpen, in Südtirol. Wenn das nicht Glücksgefühle weckt. Kino halt, oder besser gesagt Knottnkino.

---

www.merano-suedtirol.it > Natur & Kultur > Sehenswürdigkeiten > Knottnkino in Vöran

Eine Reise
IN DEN SÜDEN

Der schönste Weg nach Südtirol: übers Timmelsjoch

Es schneit leicht, ein eisiger Wind pfeift über den Pass, graue Nebelschwaden hängen an den Felsen. Kein Wetter für einen Zwischenhalt am Timmelsjoch (2474 Meter) auf dem Weg nach Meran. Der führt bald in ein finsteres Loch, dann über weit ausholende Schleifen hinab ins innerste Passeiertal. Im Süden stehen die Dreitausender um den Hochfirst (3403 Meter). Doch von ihnen ist heute nichts zu sehen. Es herrscht kaum Verkehr auf der unter Mussolini erbauten, aber erst in den 1960er-Jahren fertiggestellten Straße. Bei Saltnuss kreuzt man den Schneebergbach, ein hölzernes Wegschild weist links zur Schneeberghütte. Die gehörte einst zum Bergwerksrevier am Schneeberg. Hier wurde über Jahrhunderte nach Silber, Blei und Kupfer geschürft, zuletzt auch nach Zinkblende. Mehr als 1000 Knappen schufteten während der Blütezeit unter Tage. Das Bergwerk war so rentabel, dass es sogar die Fugger anlockte. Diese erwarben 1524 die ersten Grubenanteile. Heute erkunden Touristen unter kompetenter Führung Stollen, Transportanlagen und Bauten. Erst 1979 wurde der Bergbau endgültig aufgegeben (S. 98).

Es wird wärmer, der Regen hat aufgehört: »Moos in Passeier« steht auf dem Ortsschild neben der Straße, darunter die Höhenkote: 1007 Meter. Hier endet der 2015 eröffnete Wanderweg durch die Passerschlucht – ein Highlight für Wanderfreunde! Der Fluss wurde früher im ganzen Burg-

GLÜCKSVERSTÄRKER

Dem Süden noch ein Stück näher fühlt man sich auf dem Tappeinerweg, der den steilen Hang über der Kurstadt nahezu horizontal quert. Bezaubernd der Blick über die Dächer der Stadt, einmalig die exotische Bepflanzung. Gegen die kalten Nordwinde geschützt, gedeihen hier unter anderem Eukalyptus, Magnolien, die Süße Duftblüte, Agaven und Opuntien.

www.meran.eu > Aktiv & Entspannen > Spazieren & Wandern > Der Tappeinerweg

grafenamt gefürchtet. Ausbrüche des Passeirer Sees, der nach einem Bergsturz entstanden war, richteten immer wieder verheerende Schäden an, bis hinunter nach Meran.

Nächste Station auf der Reise in den Süden ist St. Leonhard, der Hauptort des Passeier. Hier grünt es schon allenthalben, über der Mündung des Tals zeigt sich ein schmaler Streifen blauen Himmels. Der Sandwirt des Andreas Hofer bleibt links, bei Riffian beginnt der Weinanbau. Von Schenna herab grüßt das neugotische Mausoleum des Erzherzogs Johann. Dann geht's hinein in die Kurstadt Meran, die Sonne strahlt, über dem Etschtal sticht das kantige Profil des Gantkofels in den Himmel. Und drunten an der Etsch stehen Tausende Apfelbäume in Reih und Glied. Wir sind angekommen im Süden Tirols. Vergessen ist das matschige Schneeweiß am Timmelsjoch, Kälte und Wolkentreiben. Es ist angenehm warm, die Palmen auf der Kurpromenade verströmen mediterranes Flair. Meraner Frühsommer, ein Fest der Sinne, und dazu passt ein Aperol Spritz bestens.

www.passeiertal.com,
www.meranerland.org

Wandern
MIT GENUSS

Das Drei-Sterne-Hotel Jägerhof an der Jaufenpassstraße

Wenn Siegfried Augscheller sein Haus an der Südrampe des Jaufen als Wander- und Genießerhotel bezeichnet, tut er das mit Fug und Recht. Denn die Berge um Walten und am Jaufenkamm sind ein feines, nicht überlaufenes Tourenrevier, das der Chef des Jägerhofes fast wie seine Westentasche kennt. Genauso souverän agiert er in der Küche. Was am Abend auf den Tisch kommt, lässt auch bei verwöhnten Gaumen kaum Wünsche offen. Ein Klassiker ist der Bachsaibling im Waltner Bergheu – köstlich! Alle Zutaten, die in der Küche verarbeitet werden, stammen aus der Umgebung, von Höfen mit artgerechter Tierhaltung und kontrolliertem Anbau. Siegi kocht ehrlich und authentisch, aber durchaus auch kreativ, und diese Philosophie überträgt sich auf den ganzen Betrieb.

Zum kulinarischen Genuss kommt das Landschaftserlebnis, sommers wie winters, auf Wunsch auch geführt. Besonders beliebt sind die »Kräuterwanderungen mit Rosi«, ein Klassiker für Ausdauernde hingegen ist der Passeirer Höhenweg, der in fünf Stunden vom Jaufenpass bis Stuls führt. Mehr Aussicht, mehr Wanderglück geht fast nicht.

Genießer- & Wanderhotel Jägerhof,
Walten 80, I-39015 St. Leonhard,
www.jagerhof.net

Eine echte
DELIKATESSE

Handgemachter Südtiroler Bauernspeck vom Außererbhof

Echter Bauernspeck – der ist mittlerweile in Südtirol fast schon eine Rarität, zu viele importierte Schweinehälften hängen in so mancher Räucherkammer. Nicht bei Heinrich Pöder. Er züchtet seine Schweine selbst, ernährt sie gesund und zerlegt sie nach der Schlachtung selbst. Pöder räuchert – was früher gang und gäbe war – nicht nur den Hinterschinken, sondern alle Teile des Schweins, sogar den Hals. Damit ist er der einzige Produzent einer geräucherten *Coppa* in Italien.

Die Trockensalzung erfolgt mit Augenmaß, ebenso die Räucherung, die sechs bis acht Wochen dauert. Pöder verwendet dabei nur Laubholzreste aus seinem eigenen Wald, was dem Fleisch eine besondere Note verleiht. Zuletzt muss der Speck sieben bis acht Monate reifen, erst dann geht er über den Ladentisch: zart, aromatisch und völlig frei von Konservierungsstoffen. Ein himmlischer Genuss!

Der Außererbhof ist ein echtes Familienunternehmen, und eines mit Zukunft: Sohn Alexander leitet mittlerweile den Betrieb, sein Bub macht gerade eine Metzgerlehre im Tal.

I-39010 St. Pankraz (Zufahrt von der Talstraße), www.poeder-speck.it

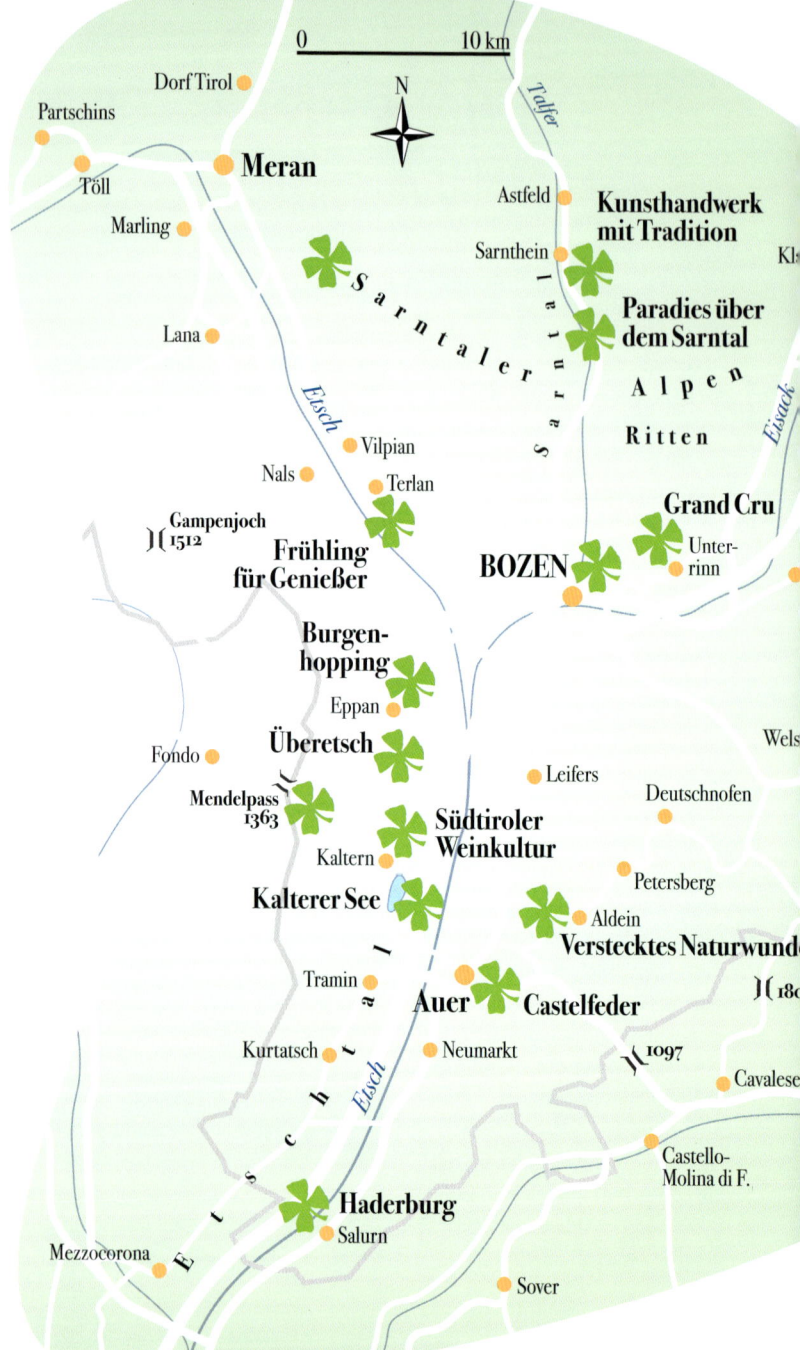

Der Süden

Bozen und das Unterland

Bozen ist nicht nur Landeshauptstadt, sondern auch wirtschaftliches Zentrum des Landes – und allemal einen Besuch wert. Spannend das Nebeneinander von Alt und Neu, mit der Sommerfrische des Rittens sozusagen vor der Haustür. Weinbeißer peilen das nahe Überetsch an, wo die besten Weine Südtirols gekeltert werden. Die Hügelregion mit ihren vielen Burgen und herrschaftlichen Ansitzen verführt zu Ausflügen, Marende natürlich inklusive.

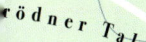

Wo das Herz des ALTEN BOZEN SCHLÄGT

Glücksgefühle in den Lauben und auf dem Obstmarkt

Die Lauben sind für Bozen, was die Bahnhofstraße für Zürich oder die Champs-Élysées für Paris. Nur halt viel kleiner, intimer – und vielleicht sogar schöner. Ein paar Minuten reichen, um einmal hinauf- und wieder hinabzuspazieren (natürlich auf der anderen Gassenseite). Was allerdings schade wäre, bei all den verführerischen Auslagen. In jeder und jedem von uns steckt halt doch ein Konsument: Da stockt der Schritt, weil die Sportklamotten im Schaufenster so lässig aussehen (Männer) oder die Tops echt schick sind (Frauen).

Bozen war schon immer ein Handelsplatz, was mit seiner Lage am Brennerweg zusammenhängt, seine Messe genoss im Spätmittelalter überregionale Bedeutung. Davon zeugt das Merkantilgebäude, ein prunkvoller Barockbau in den (gotischen) Lauben, über zwei Jahrhunderte lang war es Sitz des Merkantilmagistrats, heute ein Museum.

Ganz verschont von der Globalisierung blieben die Lauben nicht. International operierende Konzerne haben ein paar Laubenbögen erobert, insgesamt fällt aber auf, dass die Bozner ihr Revier durchaus zu verteidigen wissen: Kompatscher statt Gucci.

Ganz in einheimischer Hand ist dann der Obstmarkt, der gleich an die Lauben anschließt. Unter dem wachsamen Blick Neptuns (im Volksmund Gabelwirt) wird hier verkauft, was Südtirols Boden hergibt, was erntefrisch ist und köstlich schmeckt. Ein Fest fürs Auge und den Gaumen – da werden garantiert Glücksgefühle wach!

GLÜCKSVERSTÄRKER

Von den Lauben ist es nicht weit zum Batzenhäusl, einem der ältesten Gasthäuser der Stadt, einst Schankhaus des Deutschen Ordens, im Fin de Siècle frequentierter Künstlertreff. Ein Haus mit Tradition, und die pflegt man hier. Süffig: das hauseigene Batzenbräu, drinnen oder im Biergarten.

Andreas-Hofer-Str. 30,
Tel. +39/04 71 05 09 50,
www.batzen.it

1 **Stegener Markt bei Bruneck** Der größte Markt in Südtirol, bereits im Mittelalter urkundlich erwähnt. Er findet Ende Oktober statt, ein richtiges Volksfest. Noch heute gilt im Pustertal, dass »nur gut über den Winter kommt, wer die drei Tage des Marktes richtig miterlebt hat«.

2 **Obstmarkt in Bozen** Ein Fest für die Sinne ist er allemal, der Obstmarkt. Hier gibt es alles, was Südtirols Boden hergibt. Das Gedränge ist beachtlich, die Düfte eines guten Lebens schweben über den Standln (S. 54).

3 **Sealamarkt Glurns** Er ist einer der größten Märkte im Land. Jeweils am 2. November verwandelt sich das winzige Städtchen im oberen Vinschgau in einen einzigen Marktplatz – vor der mittelalterlichen Kulisse ein echtes Erlebnis (S. 16).

4 **Weihnachtsmarkt in Bozen** Drei Jahrzehnte alt ist er mittlerweile, und schon längst eine Institution. Der älteste und größte Weihnachtsmarkt Italiens, der rund um den Waltherplatz stattfindet, verzeichnet rund eine Million Besucher.

5 **Bauern- und Wochenmärkte** Sie gibt es in vielen Südtiroler Dörfern, jeweils an einem bestimmten Wochentag, unter anderem in Meran, Lana, Bruneck, Kaltern, Schlanders und Eppan.

Museion,
EIN MODERNER KUNSTTEMPEL

Gegenwartskunst und Begegnungsstätte

Wenn man Bozen als geteilte Stadt sieht, mit einem historischen Kern links der Talfer und einem italienischen auf der anderen Seite des Flusses, dann ist das Museion ein Fenster zum anderen, zum Nachbarn, und das im Wortsinn. Denn der moderne Kubus ist nicht nur durchlässig, mit den beiden Stirnseiten als riesige Schaufenster, ihm ist auf der Talferseite eine elegant geschwungene Brücke vorgebaut.

Verbinden statt trennen, das war die Idee des Berliner Architekturbüros KSV. Wer den 54 Meter langen und 25 Meter hohen, silbern glänzenden Kubus betritt und hinaufsteigt, kann den konzeptionellen Grundgedanken leicht nachvollziehen. Auf den vier lichtdurchfluteten Etagen mit einer Gesamtfläche von gut 2000 Quadratmetern werden wechselnde Ausstellungen präsentiert. Das Erdgeschoss ist für jedermann frei zugänglich, bietet auch Raum für Veranstaltungen. Nachts dient die Fassade als Projektionsfläche, die es ermöglicht, zeitgenössische Medienkunst auf ungewöhnliche Art zu erleben.

Museion, Piazza Piero Siena 1, I-39100 Bozen, www.museion.it

Über den Dächern
VON BOZEN

Die Guntschnapromenade – sonnenverwöhnt, mediterran, einfach schön!

Den Tag in Bozen kann man sehr stimmungsvoll auf einer der Stadtpromenaden ausklingen lassen. Mit etwas (Wetter-)Glück gibt's umsonst ein Naturschauspiel dazu, wenn die Dolomitenzacken des Rosengartens im Licht der tief stehenden Sonne gelb-rot aufleuchten. Fantastisch!

Nummer eins unter den gepflegten Spazierwegen ist die Guntschnapromenade, die, 1903 angelegt und bei sehr moderaten Steigungen in vielen Kehren verlaufend, von einer exotischen Parkflora gesäumt wird. Früher konnte man sogar mit einer Standseilbahn zur Promenade hinauffahren. Das Bähnchen soll – so heißt es zumindest – so langsam unterwegs gewesen sein, dass die Fahrgäste Himbeeren und Brombeeren zupfen konnten.

GLÜCKSVERSTÄRKER

Die Guntschnapromenade beginnt in der Nähe der alten Grieser Pfarrkirche. Das Gotteshaus birgt als besondere Kostbarkeit einen (leider nicht vollständig erhaltenen) Flügelaltar des Bruneckers Michael Pacher, entstanden 1471–75 und in Tirol ohne Gegenstück.

Martin-Knoller-Str. 5, I-39100 Bozen, www.bolzano-bozen.it

Der Mann
AUS DEM EIS

Die Gletschermumie Ötzi, eine archäologische Sensation

Wer bei der Frage nach dem bekanntesten Südtiroler auf den bärtigen Bergsteiger aus dem Villnösstal tippt, liegt möglicherweise falsch. Noch um einiges berühmter als Reinhold Messner dürfte der »Mann aus dem Eis« sein: Ötzi. Er war, wie Messner, ein Bergmensch, allerdings suchte er im Gebirge keine sportlichen Herausforderungen, sondern schlicht einen Weg über die Alpen. Warum er vor mehr als fünf Jahrtausenden am Ötztaler Hauptkamm unterwegs war, wissen wir nicht. Dass er einem Verbrechen zum Opfer fiel, gilt dagegen als gesichert. Um seine Gesundheit war es nicht allzu gut bestellt, was allerdings im Hinblick auf sein (für die Zeit damals) hohes Alter von 45 Jahren nicht weiter verwundert. Seine Zähne waren in lausigem Zustand, in seinem Darm fanden sich Peitschenwürmer, und er hatte einen deutlich erhöhten Cholesterinspiegel sowie eine Laktoseintoleranz. In seinen Taschen fanden sich Birkenporlinge, ein Naturheilmittel, das eine desinfizierende Wirkung aufweist und als Aufguss auch gegen Würmer und Magenbeschwerden helfen soll.

Längst hat der Steinzeitmensch dem Archäologischen Museum in Bozen, das über Jahrzehnte ein absolutes Schattendasein führte, zu einem Allzeithoch verholfen. Der Besucherandrang ist so groß, dass man in der Landeshauptstadt inzwischen überlegt, die prominente Leiche in ein neues, attraktiveres Zuhause zu verlegen. Ein originelles Projekt, ausgearbeitet von dem renommierten Architekturbüro Snøhetta aus Oslo, sieht einen futuristischen Bau auf dem stadtnahen Porphyrhügel des Virgl (453 Meter) vor. Die Anfahrt vom Stadtzentrum würde über eine Luftseilbahn erfolgen. Da darf man sich ja schon mal freuen!

Südtiroler Archäologiemuseum, Museumstr. 43, I-39100 Bozen, www.iceman.it

Frühling
FÜR GENIESSER

Der schmackhafte Margarete-Spargel von Terlan

Auf den Gipfeln der Texelgruppe, die über Meran in den Himmel stechen, liegt noch reichlich Schnee, doch drunten an der Etsch hat der Frühling bereits begonnen. Es ist Anfang April, da startet in Terlan die Spargelzeit. Und die wird von den Köchen der Gegend mit Hingabe zelebriert. Bei Feinschmeckern hoch im Kurs steht die Bozner Soße, zu deren Ingredienzien neben Eiern auch Kapern, gehackte Petersilie und zerkleinerte Sardellenfilets gehören. Aber natürlich haben kreative Gastronomen ihre ganz individuellen Spargelvariationen.

Die Bauern kultivieren den *Asparagus* – übrigens eine aus Deutschland importierte Sorte – auf den sandigen Schwemmböden der Etsch. Die etwa zehn Hektar Anbaufläche ergeben in guten Jahren eine Ernte von über 65 000 Kilogramm. Ein spezielles Siegel garantiert Herkunft und Qualität: Margarete. Der Name bezieht sich auf die Gräfin Margarete von Tirol, die gerne auf der Burg Neuhaus oberhalb von Terlan residierte. Spargel kam damals allerdings wohl kaum auf den Tisch. Die Tradition reicht lediglich bis in die K.-u.-k.-Zeit zurück und geriet nach der Abtrennung Südtirols vom Stammland zwischenzeitlich wieder in Vergessenheit. Erst vor etwa 30 Jahren erlebte das Stangengemüse eine Renaissance. Die Saison dauert bis Ende Mai.

www.terlaner-spargel.com

GLÜCKSVERSTÄRKER

Wie wär's mit einem feinen Spargelgericht, bei Schönwetter auf der Terrasse des Hauses serviert vor einer herrlichen Aussicht auf das Etschtal und den Mendelkamm? Im Buschenschank Oberlegar gibt's beides, dazu den passenden Weißwein vom hofeigenen Rebberg.

Oberlegar, an der Straße nach Mölten (4 km von Terlan), Tel. +39/334 31 89 520

Ein Grand Cru, nicht aus Trauben

Die fantastischen Apfelsäfte von Thomas Kohl

Was sich beim Weinbau durchgesetzt hat – Klasse statt Masse, bio statt Chemie – gilt für den Apfel noch lange nicht. Im Etschtal, von Salurn herauf bis in die Malser Gegend, wird jedes Jahr etwa eine Million Tonnen (!) von dem Kernobst geerntet. Daneben nimmt sich der Apfelhain von Thomas Kohl recht winzig aus. Seine Apfelbäume stehen am Südhang des Rittens, auf knapp 1000 Meter Seehöhe, und genießen ein Idealklima: sonnig, mild, wenig Frost.

Sie werden übers Jahr gepflegt, geerntet wird erst, wenn die Frucht reif ist. Am nächsten Morgen kommen die von Hand gepflückten Äpfel in die Presse, wo sie schonend verarbeitet und anschließend in Flaschen abgefüllt werden. Zusätzliche Zutaten: keine. So entsteht ein reines Naturprodukt, das es in drei Varianten gibt: sortenrein (zum Beispiel Gravensteiner, Pinova oder Rouge), als Cuvées oder Essence, kombiniert mit Saft aus Beeren, Gemüse oder Blüten- und Kräuteressenzen.

Besonders stolz ist Thomas Kohl auf seine Grand-Cru-Linie aus zwei alten Apfelsorten: der Ananasrenette, die ursprünglich wohl in den Beneluxländern beheimatet war, und dem Wintercalville, der bereits 1598 in den Schriften des Botanikers Johann Bauhin als »Weißer Züricher Apfel« Erwähnung findet. Anfang des 20. Jahrhunderts wurden für diesen geschmacksintensiven Apfel bis zu 1,50 Reichsmark bezahlt – pro Stück! Da sind 25 Euro für eine Flasche (1,5 Liter) Bergapfelsaft Wintercalville fast schon ein Schnäppchen ... Für diesen reinen Genuss lohnt sich jeder Cent!

Hauptstr. 35, I-39054 Unterinn am Ritten, www.kohl.bz.it

GLÜCKSVERSTÄRKER

Dass die Bienen vom Plattnerhof auch die Apfelbäume des Thomas Kohl besuchen, ist anzunehmen. Denn der historische Hof ist nur etwa einen Kilometer weit weg, er gilt als einer der ältesten auf dem Ritten und beherbergt ein interessantes Imkereimuseum (inklusive Lehrpfad). Honig kann man hier auch kaufen.

Wolfsgruben 15, I-39054 Oberbozen, www.museo-plattner.com

Kunsthandwerk
MIT TRADITION

Die Federkielstickerei Thaler in Sarnthein

Das jahrhundertealte, selten gewordene Kunsthandwerk des Federkielstickens hat in Sarnthein noch heute eine Heimat, beim Thaler. Kein Zufall, sind die Sarntaler doch nicht nur bekannt für ihren eigenwilligen Humor, sondern auch für ein ausgeprägtes Traditionsbewusstsein. Hier ist Brauchtum noch gelebter Alltag.

Das Sticken mit Leder setzt ausgewählte Materialien und ein geübtes Händchen voraus. Dafür ist jedes Stück ein absolutes Unikat. So etwas hat seinen Preis, hält aber dann ein Leben lang. Erstaunlich breit ist die Produktpalette: Neben Trachtenzubehör umfasst sie auch Sarner Geldtaschen, Schlüsselanhänger und schmucke Fotoalben. Alles aus Leder, individuell bestickt, wobei man gerne auf die Kundenwünsche eingeht. Übrigens: So teuer sind die schmucken Stücke gar nicht, wenn man bedenkt, dass ein federkielbestickter Gurt im 18. Jahrhundert den gleichen Wert wie zwei Pferde hatte …

Federkielstickerei Thaler, Rohrerstr. 41, I-39058 Sarnthein,
www.federkielstickerei.com

Paradies hoch
ÜBER DEM SARNTAL

Gipfelerlebnisse und kulinarische Spitzenkunst: der Auener Hof

Irgendwie liegt das Wortspiel halt nahe: Wer auf so hohem Niveau (1614 Meter über dem Meeresspiegel) am Herd steht, muss auch kulinarische Höhen erklimmen. Im Fall von mancher Berghütte trifft eher das Gegenteil zu, doch was Heinrich Schneider im Auener Hof auf den Teller zaubert, ist absolute Spitze. Das haben auch die Tester von Michelin gemerkt und den begnadeten Koch mit zwei Sternen ausgezeichnet – auf zum Genuss-Höhenflug im Sarntal! Wie wär's mit Kräuter-Teigtaschen vom Reh mit Pimpinelle, Fichtensprossenöl und »Waldtee«? Oder lieber ein Flankensteak vom Sarner Rind mit schwarzer Kruste, Moosschaum, Kürbis und gerösteter Hefe? Eine wichtige Rolle in Schneiders Küche spielen übrigens heimische Wildkräuter – und viel Fantasie!

Der Auener Hof – eine Oase der Ruhe. Da empfiehlt es sich doch, gleich eines der geschmackvoll eingerichteten Zimmer zu mieten, für den erholsamen Schlummer nach dem fantastischen Essen. Eine weitere Überraschung: der Turm-Whirlpool mit freier Sicht auf die Dolomiten – einfach himmlisch!

Auener Hof, Prati 21, I-39058 Sarntal, www.auenerhof.it

Idylle in den SARNTALER ALPEN

Herbstwandern am Salten – einfach himmlisch!

Die schönste Jahreszeit für eine Wanderung über den Salten ist der Herbst. Dann hat sich die Hitze aus den Etschtalfluren verzogen, kein Gewitter weit und breit, dafür spannt sich ein makellos blaues Firmament über den Höhenrücken. Und am höchsten Punkt, dem Himmel am nächsten, steht das im Kern noch romanische, später gotisierte Kirchlein St. Jakob in Lafenn (1527 Meter). Das schaut in alle Himmelsrichtungen bis an die Grenzen des Landes: zum Ötztaler Hauptkamm, tief in die Dolomiten, zu den Ultner Dreitausendern und weit hinab ins Etschtal.

Bei der Überschreitung des Salten lernt man eine für ganz Südtirol einzigartige Kulturlandschaft kennen. »Der Salten ist ein einziger Lärchenhain, so groß und weit, wie ihn Gott erschaffen hat«, schrieb Paul Tschurtschenthaler 1921, und weiter: »Wie schön lässt es sich hier leben für Menschen, die noch Herz und Sinn für Ruhe und Waldfrieden bewahrt haben und für das tiefe Versunkensein in das große Schweigen der Natur. Und die andern mögen die Hände lassen von dem heiligen, tiefen Götterhain des Salten!«

Eine Mahnung, die, obwohl ein Jahrhundert alt, heute fast prophetisch erscheint. Denn mittlerweile ist das Auto dem Salten sehr nahe gerückt, auch wenn die zahlreichen Wirtschaftswege auf dem Rücken den Bauern reserviert bleiben – noch. Sie nutzen die Weiden auf dem abgeflachten Porphyrrücken seit jeher für ihr Vieh. Urkundlich ist der Salten bereits 1242 erstmals bezeugt; der Name dürfte sich von dem lateinischen *saltus* (Wald) herleiten.

Am schönsten ist eine Überschreitung des Salten von Mölten nach Jenesien – eine Wanderung in den Süden, der Sonne entgegen. Und im Herbst ein Fest der Farben, das die Seele wärmt.

Tourismusverein Mölten,
Tel. +39/04 71 66 82 82,
www.suedtirols-sueden.info;
Tourismusverein Jenesien, Tel.
+39/04 71 35 41 96, www.jenesien.net

GLÜCKSVERSTÄRKER

Zu der stimmungsvollen Herbsttour gehört zwingend eine Marende, natürlich mit Speck und einem Viertel Roten. Gelegenheiten, die Wanderung für eine Genusspause zu unterbrechen, gibt es am Salten gleich mehrere: das Gasthaus Langfenn am Salten (www.langfenn.it), den Gschnoferstall (Tel. +39/346 174 60 45), den Gasthof Locher (www.gasthof-locher.com) und das Saltner Edelweiß (www.saltner-edelweiss.it).

Burg und BERGE

Messners Museum Firmian im Schloss Sigmundskron

Wie ein mächtiger Schiffsbug thront Schloss Sigmundskron auf einem steil zur Etsch abfallenden Prophyrrücken: 1000 Jahre alte braune Mauern über braunem Fels – ein echter Blickfang bei der Fahrt von Bozen ins Überetsch. Vor zwei Jahrzehnten noch eine Ruine, ist mittlerweile das Leben zurückgekehrt in die alte Festung, die der Namensgeber einst als Bollwerk gegen die Venezianer ausbauen ließ.

Im Jahr 2006 wurde hier das Messner Mountain Museum Firmian eröffnet, das Filetstück der insgesamt sechs Museumsstandorte. Die Besucher besteigen Museum und Burg, absolvieren dabei einen spannenden Parcours, der sie über Wege, Türme und Mauern durch die Geschichte der Berge, von ihrer Entstehung über ihre religiöse Bedeutung bis zur Entwicklung des Alpinismus und zum modernen Tourismus führt. Im Rondell Ost kreisen Installationen und Exponate um »Schlüsselstellen« an Eiger, Matterhorn, in den Dolomiten, am Cerro Torre und El Capitan. Es geht um Grenzerfahrungen, um Todesnähe und menschliche Reaktionen auf solche Situationen. Die Achttausender und die Seven Summits werden im westseitigen Rondell vorgestellt.

Den Abschluss der »Gipfeltour« im Torturm ist den Themen Mensch und Berg, Wüsten und Mythen gewidmet – großen Fragen also. Reinhold Messner hat das Museumsprojekt als seinen »15. Achttausender« bezeichnet. Die 14 Himalajagipfel – vom Shishapangma (8027 Meter) bis zum Mount Everest (8849 Meter) – bestieg er zwischen 1970 und 1985. Der Museumsbesucher ist beeindruckt, verschafft sich seine persönlichen Glücksgefühle aber doch lieber an bescheideneren Herausforderungen, etwa an einer Tour auf den Schlern.

Messner Mountain Museum Firmian, Sigmundskronerstr. 53, I-39100 Bozen, www.messner-mountain-museum.it

GLÜCKSVERSTÄRKER

Wer vom vielen Treppensteigen
müde geworden ist, findet im
Schlossrestaurant Stärkung,
je nach Wetter und Jahreszeit
drinnen oder draußen im Garten.
Geöffnet sind Museum und Restaurant vom 3. Sonntag im März
bis zum 2. Sonntag im November
täglich außer Donnerstag von
10–18 Uhr, Einlass bis 17 Uhr.

Burgenhopping
IM ÜBERETSCH

Hocheppan, Boymont und Korb – drei Burgen auf einen Streich

Das Überetsch vergangener Tage ließe sich leicht mit der »Goldküste« am Zürichsee vergleichen: eine Gegend vorzugsweise für Reiche und Schöne, allerdings ohne die sprichwörtliche helvetische Diskretion. Wer es geschafft hatte, eine Bleibe in der weinseligen Hügelregion am Fuß des Mendelkamms zu ergattern, baute sie – wenn das Geld noch reichte – zu einem Schloss aus, als sichtbares Zeichen seines Erfolgs. So wimmelt es zwischen St. Pauls und Kaltern geradezu von mehr oder minder alten, in jedem Fall aber repräsentativen Mauern.

Manche dieser Burgen und Ansitze spielten sogar in der Landesgeschichte eine Rolle, etwa Hocheppan, dessen Schlossherren im 13. Jahrhundert nach der Macht im Land Tirol griffen – vergebens allerdings. Über Boymont, das nur noch ein leeres, aber imposantes Gemäuer ist, weiß man recht wenig, Schloss Korb dagegen ist heute für alle zugänglich. Voraussetzung – und dabei sind wir wieder im historischen Überetsch – ist allerdings eine ordentlich gefüllte Brieftasche. Die Herberge ist ein Fünf-Sterne-Hotel, und da hat bekanntlich halt alles seinen Preis …

Auch weniger Betuchte lassen sich gerne zu der Burgenrunde verführen, die für Jung und Alt reichlich Nostalgisches bereithält, Kinder in die Welt der Rittersleut' abheben lässt. Da hüllten sich die Männer in glänzendes Blech, sie waren ohne Furcht und Tadel, eben ritterlich, und die Prinzessinnen trugen lange, blonde Haare. Mit der Hygiene hatte man damals allerdings zu kämpfen, im Winter war's in den Mauern lausig kalt, und krank werden sollte man auch nicht. So gesehen, sind ein paar Hundert Jahre Abstand zur Welt des Mittelalters Grund für echte Glücksgefühle …

------

www.eppan.com, www.hocheppan.it, www.schloss-hotel-korb.com

Weingüter TOP 10

1 **Kellerei Terlan** Die 1893 gegründete Kellereigenossenschaft ist berühmt für ihre sehr langlebigen Weißweine, darunter – nicht zufällig – ein Sauvignon »Spargel«. Terlan ist das Spargelanbaugebiet Südtirols.
www.cantina-terlano.com

2 **Eisacktaler Kellerei** Die Kellerei in Klausen hat zahlreiche weiße Spitzenweine im Sortiment. Herausragend ist die *Aristos*-Linie, sehr gefragt der *Eisacktaler Kerner*.
www.eisacktalerkellerei.it

3 **Klosterkellerei Muri-Gries** Liebhaber des Lagrein kommen an der alten Kellerei des Klosters Muri-Gries nicht vorbei. Der *Lagrein Riserva*, der hinter den Klostermauern gedeiht, ist ein absoluter Spitzenwein.
www.muri-gries.com

4 **Kellerei Schreckbichl** Die in den 1960er-Jahren gegründete Kellerei verschrieb sich von Anfang an einer rigorosen Qualitätsoffensive, bis heute. Highlights im Angebot sind die Weine der *Lafóa*-Linie und – Liebling der Kundschaft – der *Pfefferer*.
www.colterenzio.it

5 **Kellerei St. Michael-Eppan** Sie steht für absolute Qualitätsweine, herausragend die *St.-Valentin*-Linie (u. a. Sauvignon, Chardonnay und Lagrein). Absolute Spitze: der *Appius*.
www.stmichael.it

6 Manincor Michael Graf Goëss-Enzenberg ist einer der Südtiroler Pioniere des biologischen Weinanbaus. Zwei Spitzenkreationen sind der Blauburgunder *Mason di Mason* und der Sauvignon *Lieben Aich* (S. 84).
www.manincor.com

7 Kellerei Tramin Die Kellerei am Ortsrand von Tramin ist ein Hingucker, die Weine sind von hoher Qualität. Überragend der Gewürztraminer *Nussbaumer*, sehr zu empfehlen sind die Weine der Klassik-Linie.
www.cantinatramin.it

8 Weingut Tiefenbrunner Eines der ältesten Weingüter Südtirols. Die Linien *Vigna* und *Linticlarus* stehen für absolute Qualität, sehr begehrt ist der *Feldmarschall* vom Fennberg, dem höchstgelegenen Weinberg im Unterland (ca. 1000 m).
www.tiefenbrunner.com

9 Weingut Alois Lageder Hier wird schon lange nach streng biologischen Vorgaben gearbeitet. Im Restaurant Vineria Paradeis in Margreid kann man die Tropfen verkosten.
www.aloislageder.eu

10 Weingut Franz Haas Liebhabern des Blauburgunders ist *Franz Haas VII.* natürlich ein Begriff. Zu behaupten, sein Pinot Noir sei der beste Südtirols, ist keine Übertreibung.
www.franz-haas.it (S. 93)

Frühling
IM ÜBERETSCH

Sonniger Spaziergang durch ein weißes Blütenmeer

Oben am Roenberg beginnt der Frühling, wenn der Schnee auf seiner Gipfelwiese schmilzt. Die Soldanellen bohren sich durch die letzten weißen Flecken, recken ihre lila Schirmchen der Sonne entgegen. Drunten im Überetsch misst man schon fast sommerliche Temperaturen, die Apfelblüte ist lange vorbei. Die Blütezeit im Frühlingstal auch. Der seichte, licht bewaldete Graben heißt tatsächlich so, und das mit gutem Grund.

Zigtausende Frühlingsknotenblumen stehen hier in der zweiten Februarhälfte auf den Wiesen, sekundiert von den blauen Leberblümchen, und verwandeln das Tälchen in ein weißes Meer. Dann macht sich ganz Bozen auf (Nachwuchs inklusive), um das Naturwunder am Weg von Kaltern zu den Montiggler Seen zu erleben. Das führt regelmäßig zu Staus auf dem Wanderweg, und die Wirtschaften an den beiden waldumsäumten Seen melden Rekordumsätze. Es duftet, auch der Mensch blüht auf, man parliert lebhaft, und fast scheint es, als ließe sich dieser Frühlingsoptimismus mit Händen greifen.

In der Regel wird man den Ausflug ins Frühlingstal mit einer Wanderung rund um die Montiggler Seen verbinden. Ihre Becken wurden vor Urzeiten vom Etschgletscher ausgehobelt, die Ufer sind weitgehend unverbaut, das Wasser im Sommer angenehm warm. Kaum zu glauben, dass die beiden Seen im Winter auch mal zufrieren. Das dürfte in Zukunft allerdings eher selten der Fall sein – eine Folge des Klimawandels.

Nicht aufs Eis, dafür in die Vergangenheit führt ein kleiner Abstecher vom Südufer des größeren Sees: auf den Jobenbühel (616 Meter). Der trug in der Eisenzeit eine Befestigung, von der noch größere Mauerreste erhalten sind (Naturlehrpfad).

-----

www.eppan.com, www.kaltern.com, www.montiggler-see.com

Die Eislöcher
VON EPPAN

Eiszapfen, sogar im Sommer – ein physikalisches Phänomen

Oberhalb von Eppan, im Bergsturzgelände am Fuß des Gandberges, liegt ein Südtiroler Kältepol, wächst das Eis an den Mündungen enger Felslöcher – und das im Sommer! Ein Mysterium? Nach einer alten Sage soll unter den Felstrümmern eine Stadt begraben worden sein – als Strafe für das gottlose Verhalten ihrer Bewohner. Auch über die Existenz eines geheimnisvollen Sees im Bergesinnern wurde spekuliert. Die Wahrheit ist banaler, wie uns die Wissenschaft lehrt.

GLÜCKSVERSTÄRKER

Der Abstecher von Kaltern oder Eppan zu den Eislöchern ist absolut familientauglich. Bei den Kids dürfte eine etwas andere Art von Eis noch höher im Kurs stehen – vor allem im Sommer, denn da kann es in Südtirol ganz schön warm werden. Abhilfe schafft der Stroblhof, eine traditionsreiche Einkehr mit feiner Eisauswahl.
Pigenoer Weg 25, I-39057 St. Michael, www.stroblhof.it

Bei dem eigenartigen (und seltenen) Phänomen handelt es sich um das Prinzip Windröhre. Im Sommer wird warme Luft hoch oben am Gandberg angesaugt. Sie sinkt in den verzweigten Klüften in die Tiefe und kühlt sich dabei ab. In einer Mulde am Hangfuß (ca. 500 Meter) bleibt die Kaltluft liegen. Da sie weniger Feuchtigkeit halten kann als warme Luft, bildet sich im Bereich der Austrittslöcher Eis. Und nur ein paar Meter weiter fühlt sich die wärmeliebende Edelkastanie wohl. Auf engstem Raum sind mehr als 600 Pflanzenarten nachgewiesen, eine einmalige Vielfalt.

In dem Kältesee liegen die Temperaturen im Sommer zwischen null und neun Grad. Da erstaunt es nicht, dass hier Pflanzen wie die Rostblättrige Alpenrose gedeihen, die normalerweise in alpinen Höhenlagen heimisch sind. Geistern begegnet man allerdings nicht. Wenn jemand trotzdem eine Gänsehaut bekommt, liegt es ganz einfach daran, dass es hier saukalt ist …

www.eppan.com

Mit dem Rad
DURCHS ÜBERETSCH

Von Bozen bis zur Salurner Klause

Im Südtiroler Unterland verbinden sich Natur und Menschenwerk zu einem besonders gelungenen Gesamtkunstwerk. Weinberge im Überetsch, Apfelhaine im Etschtal, Burgen und Kirchtürme, wohin man schaut, und darüber thront der Mendelkamm mit seinen felsigen Steilabstürzen. Besonders gut lässt sich dieser gesegnete Landstrich mit dem Fahrrad erkunden, auf ausgeschilderten Wegen und wenig befahrenen Sträßchen.

Vom Bahnhof Bozen geht's zunächst mit dem Eisack etwa vier Kilometer talabwärts, dann wechselt man ans Etschufer. Knapp einen Kilometer flussaufwärts führt eine hölzerne Bogenbrücke übers Wasser. Bis Kaltern ist die Radroute dann identisch mit der Trasse der aufgelassenen Überetscher Bahn. Sie umrundet den Burghügel von Sigmundskron und gewinnt anschließend oberhalb von Fragant sanft, aber stetig an Höhe. Mischwälder, später Rebberge säumen die Route. Hinter Eppan (St. Michael) geht's in leichtem Auf und Ab weiter durch die Weinberge, vorbei am Christl im Loch, einer beliebten Einkehr. Beim ehemaligen Bahnhof von Kaltern (Weinkellereien) erinnert eine Dampflok an die historische, 1971 stillgelegte Bahnlinie. Sie wurde 1898 eröffnet und bereits 1911 elektrifiziert.

Ab Kaltern bewegt man sich auf asphaltierten Nebenstraßen: wenig Autos, oft deutlich mehr Radler. Nächste Station an der Route ist Kreith am Ostufer des Kalterer Sees. Tramin, Kurtatsch und Margreid bleiben rechts, sind aber auf kurzen Abstechern leicht anfahrbar. Hinter Kurtinig, das mitten im weiten Talboden liegt, geht's über die Etsch und hinein nach Salurn, wo die Tour endet. Wer mag, kann ganz abseits des motorisierten Verkehrs auf dem Etschdamm nach Bozen zurückradeln (weitere 30 Kilometer ohne nennenswerte Steigung).

------

www.suedtirols-sueden.info,
www.eppan.com, www.kaltern.com

Südtirols Badestrand: DER KALTERER SEE

Ein kurzer Rundweg mit einer tierischen Überraschung

Kaltern – Kalterer Wein – Kalterer See. Eine Trinità von entspanntem Urlaubsgefühl, Badeplausch und Weinseligkeit. Die richtige Temperatur des Roten liegt bei 16 Grad, das Gewässer wird im Sommer deutlich wärmer (bis zu 28 Grad). Droben im Dorf verzieht man sich dann gerne in den Schatten. Oder man springt gleich in den See, der rund eineinhalb Quadratkilometer groß ist, also ausreichend Platz für Surfer, Segler und Badende bietet. Auch wandern kann man hier, auf einem ausgeschilderten Uferweg, der kaum Steigungen aufweist. Der ausgedehnte Spaziergang – reine Gehzeit etwa eine Stunde – bietet Aussicht übers Wasser auf den Mendelkamm, die Weinberge rund um Kaltern und auf die Ruine der Leuchtenburg.

Das seichte Gewässer (maximale Tiefe: sechs Meter) ist ein Relikt der Würm-Eiszeit, es liegt kurioserweise ein paar Meter tiefer als der Etschlauf bei Auer. Das führte früher immer wieder zu Überschwemmungen, weshalb man bereits im 18. Jahrhundert einen Abzugsgraben anlegte, der bei San Michele, knapp jenseits der heutigen Provinzgrenze zum Trentino, in die Etsch mündet.

Das Südufer des Sees ist stark verschilft und dadurch ein ideales Brutgebiet für viele Vögel. Auch Zugvögel machen am Kalterer See Station, darunter Kraniche, Kormorane und Weißstörche. Mit ein wenig Glück lassen sich von dem hölzernen Steg aus sogar ein paar Seebewohner beobachten, die man in Südtirol nicht unbedingt erwartet hätte: Europäische Sumpfschildkröten. Das löst dann nicht nur bei Zoologen eindeutige Glücksgefühle aus. Und wer später googelt, erfährt, dass es »die einzige Schildkrötenart ist, die – wenn auch selten – in Mitteleuropa (also sogar Deutschland) natürlich vorkommt« (Wikipedia).

www.kaltern.com

GLÜCKSVERSTÄRKER

Wer sich für den Südtiroler Wein, seine Geschichte und die Arbeit im Rebberg interessiert, für den ist ein Besuch des Weinmuseums in Kaltern ein Muss. Noch etwas näher kommt man der Welt des Weins auf dem gut 15 Kilometer langen Themenweg.

Südtiroler Weinmuseum, Goldgasse 1, I-39052 Kaltern, www.weinmuseum.it; www.kaltern.com/de/ der-kalterer-weinweg.html

Genuss pur: SÜDTIROLER WEINKULTUR

Wo Anspruch und Leistung zusammenpassen: Manincor

Südtirol ist Weinland, keine Frage, und längst auch eines mit Niveau. An Etsch und Eisack werden vorzügliche Weine produziert, sowohl weiße als auch rote. Und gut verdient damit. Schaute der Bildungsreisende früher auf all die Kirchen- und Burgentürme im Land, fallen dem Hedonisten heute zwischen den alten Mauern ganz andere, futuristische Bauten ins Auge: Weinkellereien. Da wird gewachsenes Selbstbewusstsein zelebriert, werden architektonische Fixpunkte in die Landschaft gesetzt.

Es geht allerdings auch anders, unauffälliger. Bei Manincor, einer der besten Weinkellereien am Kalterer See, ist man sich bewusst, dass die Kunst, einen guten Wein zu kreieren, vor allem mit Tradition, viel Erfahrung und einem Gefühl für die Natur zu tun hat. »Biodynamisch« heißt die Devise von Michael Graf Goëss-Enzenberg, der das 50 Hektar große Weingut 1991 von seinem Onkel übernahm: mit, nicht gegen die Natur arbeiten, von der Vielfalt des Lebens im Boden profitieren, statt diesem Schatz mit Chemikalien zu Leibe rücken. Zwischen den Rebstöcken werden Getreide und Blumen gepflanzt, weiden bretonische Schafe. Die Verarbeitung der Trauben folgt dann modernsten önologischen Erkenntnissen.

Das Ergebnis sind absolute Spitzenweine, darunter der rote *Cassiano*, eine perfekte Cuvée, der *Mason di Mason*, ein hervorragender Blauburgunder aus Mazzon, und der Weißburgunder *Réserve della Contessa*. Dass Manincor seinen neuen Keller samt Degustationsraum gleich unterirdisch angelegt hat, ist ein weiteres Steinchen in einem sympathischen Mosaik. Es kommt halt auf die inneren Werte an, und beim Wein ganz besonders. Man-in-cor (Hand aufs Herz)?

Manincor, St. Josef am See 4,
I-39052 Kaltern, www.manincor.com

Eine Himmelfahrt
AUF DIE MENDEL

Ganz bequem zur schönen Aussicht. Was will man mehr?

Luftig geht auch, ohne gleich in die Luft zu gehen. Am Mendelpass beispielsweise, den man ganz bequem mit der Standseilbahn erklettern kann. Standseilbahn heißt in diesem Fall, dass der Wagen am Boden bleibt, im Gegensatz zur Luftseilbahn. Die Strecke ist 2370 Meter lang, weist dabei Höchststeigungen von 64 Prozent auf. Damit war sie nach der Eröffnung im Jahr 1903 für lange Zeit die steilste Bahnlinie Europas. Für die Planung war der Schweizer Ingenieur Emil Strub zuständig, der in Südtirol auch den Bau des Bozner Stadtbähnchens auf den Virgl (453 Meter) leitete. Das ist schon lange außer Betrieb, die Bahn zum Mendelpass (1363 Meter) dagegen fährt (wieder), seit Kurzem sogar mit neuem Rollmaterial. Oben am Pass ist allerdings Endstation. Das war früher mal anders, einst konnte man mit der Schmalspurbahn durchs Nonstal weiterfahren nach Trient. Per Bahn von Bozen übers Gebirge in den Süden – sensationell!

Die Mendel war um die Wende zum 20. Jahrhundert eine beliebte Sommerfrische für Betuchte. Dass diese glanzvollen Zeiten hier schon lange vorbei sind, sieht man den (viel zu großen) Hotelkästen deutlich an. Die Aussicht aufs Überetsch, den Kalterer See und zu den Dolomiten ist dafür immer noch die gleiche. Bei der Talfahrt kann man den Blick auf Schlern, Rosengarten und Co. dann nochmals genießen. Ganz schön luftig, diese Reise in die Tiefe.

www.kaltern.com

GLÜCKSVERSTÄRKER

Das große Südtirol-Panorama bietet der Mendelpass nicht, das liefert bei gutem Wetter der Penegal (1737 Meter). Wer einigermaßen gut zu Fuß ist, steigt in eineinhalb Stunden auf zum Gipfel. Der gut markierte Weg verläuft weitgehend abseits der Penegal-Straße. Oben am Gipfel kann man auch übernachten, im Panoramahotel Penegal, traumhafte Dämmerstunden inklusive!

www.penegal.it

Geologisch interessantes, VERSTECKTES NATURWUNDER

Die Bletterbachschlucht, der Grand Canyon Südtirols

Es ist noch gar nicht so lange her, da war die Bletterbachschlucht ein echter Geheimtipp, versteckt im Unterland, weit weg von allen touristischen Hotspots. Das hat sich mittlerweile geändert, der »Grand Canyon Südtirols« ist ein beliebtes Ausflugsziel mit Wegen, Infotafeln und einem Besucherzentrum. Da wird man aufgeklärt über die Bedeutung der Schlucht, die sich tief ins Berginnere gegraben hat und uns so heute als ein aufgeschlagenes Geschichtsbuch begegnet, allerdings eines, auf dessen Seiten von Jahrmillionen die Rede ist.

An ihren Steilflanken lässt sich das Werden der Dolomiten ablesen, ein exemplarischer »Aufschluss«, wie die Geologen sagen, aufschlussreich aber auch für den Laien. Ihm macht diese Wanderung durch Äonen deutlich, dass selbst die »ewigen« Berge vergänglich sind. An der Bletterbachschlucht hat das Wasser ganze Arbeit geleistet. Unglaubliche zehn Milliarden Tonnen Gestein wurden ins Etschtal transportiert, dann vom zweitlängsten Fluss Italiens zu Sand zerrieben und aus den Alpen heraus in die Adria befördert.

In der Bletterbachschlucht kann man die gesamte permotriassische Schichtfolge, vom Porphyr bis zum Sarldolomit, geradezu beispielhaft, von Geröll- und Schuttablagerung kaum beeinträchtigt, verfolgen (250–180 Millionen Jahre). So wird die Bergwanderung zu einer (ganz entspannten) Lernstunde unter freiem Himmel, und manch bunter, vom Wasser in Jahrtausenden rund geschliffener Stein wandert in die Hosentasche eines Junior-Erdkundlers … Das macht Freude, fast noch mehr möglicherweise das Eis oder die Marende hinterher auf der Lahner Alm. Besonders lecker: die Strauben, eine Südtiroler Mehlspeise.

www.bletterbach.info

GLÜCKSVERSTÄRKER

Das Erlebnis Bletterbachschlucht lässt sich gut mit einer Überschreitung des Weißhorns (2313 Meter) verbinden: noch mehr Einblicke in die Schlucht, dazu vom Gipfel ein großes Panorama. Reine Gehzeit etwa 5 Std., Trittsicherheit und etwas Ausdauer sind notwendig.

Auf dem Zauberberg
IM UNTERLAND

Der Zirmerhof in Oberradein –
ein verstecktes Paradies

Im Südtiroler Unterland gibt es ein paar Plätze, die sich abseits von Trubel und Hektik verstecken, vor allem links der Etsch. So ein kleines Paradies ist Radein mit gerade mal ein paar Hundert Einwohnern. Da staunt man nicht schlecht, dass sich ausgerechnet hier ein Ortsteil »In der Stadt« nennt. In den Häusern der »Stadt« sollen früher – sagen die Einheimischen – Bergleute gewohnt haben, die in der Bletterbachschlucht (S. 88) nach Kupfer schürften.

Geschürft hat vor gut einem halben Jahrhundert auch eine Frau, die im Radeiner Zirmerhof zu Hause war: Hanna Perwanger. Zu einer Zeit, als die Schnitzelwelle über Südtirol schwappte, die Bezeichnung »international« überall auf den Speisekarten auftauchte, schrieb sie ihre »Südtiroler Leibgerichte« auf und veröffentlichte sie in einem Kochbuch, das 1967 erstmals erschien (Athesia, Bozen) – ein Best- und Longseller. Heute führt Sepp, ihr Enkel, das Berghotel in Oberradein, und auch er orientiert sich noch an der legendären Küche.

Der renovierte Hof ist inzwischen zu einem stattlichen Bauensemble angewachsen, mit drei renovierten Berghütten als Außenstellen, einem Hofladen und den beiden »Häusern der Wiese«. Entworfen hat sie der italienische Gestalter Michele De Lucchi, als Baumaterial diente ausschließlich Fallholz des Sturms Vaia, der im Herbst 2018 über Südtirol und die Dolomiten hinwegfegte. Er hinterließ nicht nur schwere Schäden, sondern auch bei manchen die Einsicht, in Zukunft sorgsamer mit der Natur umzugehen.

Der Zirmerhof ist eine Oase der Ruhe, eingebettet in viel Grün und mit einem weiten Horizont. Hier, auf diesem Zauberberg hoch über dem Etschtal, fällt es einem leicht, zu sich zu finden und Kraft zu tanken.

------

*Zirmerhof, Oberradein 59,
I-39040 Radein, www.zirmerhof.com*

Südtiroler Leibgerichte

Hanna Perwanger

Castelfeder,
DAS ARKADIEN SÜDTIROLS

3000 Jahre Geschichte – und zahlreiche Rätsel

Man kann ihn leicht übersehen, den unscheinbaren Porphyrrücken, der sich südlich von Auer, gleich jenseits des Schwarzenbachs, erhebt. Bei Esoterikern gilt er als Kraftplatz, romantische Seelen sehen in dem kahlen, mit ein paar knorrigen Eichen bestandenen Hügel ein Südtiroler Arkadien. Wer sich an Fakten hält, erfährt, dass Castelfeder über drei Jahrtausende hinweg, von der Bronzezeit bis ins frühe Mittelalter, kontinuierlich besiedelt war. So etwas hinterlässt Spuren. Zu den ältesten gehören Urnengräber und Brandopferplätze der Laugen-Melaun-Kultur. Aus byzantinischer Zeit stammen die berühmten »Kuchelen«, bei denen es sich um die Reste einer ursprünglich etwa 500 Meter langen Mauer aus dem sechsten Jahrhundert handelt. Fast gleichzeitig dürfte die Barbarakapelle entstanden sein. Ungeklärt ist dagegen das Alter einer größeren Siedlung, deren Fundamente am Südrand des Bergrückens entdeckt wurden.

Angesichts der langen Historie von Castelfeder verwundert es nicht, dass sich zahlreiche Sagen und Legenden um den Hügel ranken. Und natürlich ist da von Bösewichten die Rede, die ihr verdientes Ende fanden, und von einem Schatz, der seinem Finder kein Glück brachte. Heute steht Castelfeder als Biotop unter Naturschutz, das ist vor allem für die vielen »Einheimischen« ein Glück. In dem buckeligen, teilweise verstrauchten Gelände mit zwei winzigen Tümpeln fühlen sich Aspisviper und Smaragdeidechse heimisch. Hier gedeihen Berberitzen und Perückenbaum, wachsen unter anderem Mauerpfeffer und Wolfsmilch.

Zauberhaftes, geheimnisvolles Castelfeder. Fast so etwas wie eine Insel in Raum und Zeit, der Moderne entrückt und fern der Alltagswelt.

---

www.castelfeder.info,
www.weinstrasse.com

GLÜCKSVERSTÄRKER

Von Castelfeder ist es nur ein Katzensprung zu dem kleinen Weindorf Montan. Liebhaber des Südtiroler Blauburgunders steuern hier zielsicher die Villnerstraße 6 an, die Adresse des Weingutes von Franz Haas. Sein Pinot Nero Schweizer gilt als absolutes Spitzenprodukt, sorgt bei Kennern für echte Glücksgefühle.
www.franz-haas.it

Nomen est omen: DIE HADERBURG

Das Räubernest in den Felsen über Salurn

Vor einem Vierteljahrhundert war die »Eroberung« der Haderburg ein kleines Abenteuer. Weder Weg noch Steg, man mühte sich durchs Unterholz, überkletterte ein paar Felsen und stieg dann ein in das graue, halbverfallene Gemäuer. Der kleine Korbinian, damals acht, fand das sehr spannend. Auch die Geschichten von den Rittern, die einst hier hausten und immer wieder Raubzüge in die Umgebung unternahmen. Fatalerweise vergriffen sie sich dann an einer päpstlichen Abordnung auf dem Weg zu Kaiser Barbarossa, verlangten für die Schwarzröcke ein ordentliches Lösegeld. Doch der »Rotbart« verstand keinen Spaß und schickte den Tirolern umgehend eine Strafexpedition ins Haus. Kurios: Der wuchtige Bergfried besteht nicht – wie die übrige Anlage – aus Kalkstein, sondern aus dem vermeintlich härteren Porphyr. Ein einziger Kubikmeter dieses Vulkangesteins wiegt rund zweieinhalb Tonnen. Die schweren Blöcke mussten beim Bau mit Seilzügen auf den Burgfelsen geschafft werden – ein garantiert mühsames Geschäft.

Die Ritter sind längst ausgezogen, auch unangemeldete Besucher werden heute freundlich begrüßt in der Burgschenke »Zum 18. Fass«. Die hat ihren Namen von einem Märchen der Brüder Grimm, das in Salurn handelt und bei dem es um 18 Weinfässer geht. Warum bestellen Sie sich nicht ein Forst-Bier, genießen das mittelalterliche Ambiente und die Aussicht auf den Mendelkamm? Mittlerweile gibt es übrigens einen sehr bequemen Zugang zur Haderburg. Glück geht eben auch mit Komfort.

GLÜCKSVERSTÄRKER

Auf der Haderburg finden übers Jahr (Mitte März bis Anfang November) zahlreiche kulturelle Veranstaltungen statt: Musik, Ritterspiele, erlebtes Mittelalter. Und für Genießer gibt's das Ritteressen, ein mittelalterliches Festmahl auf der Burg, inklusive Führung vorab.

Zum 18. Fass, J. Weingartnerstr. 69, I-39021 Algund, www.zum18tenfass.it

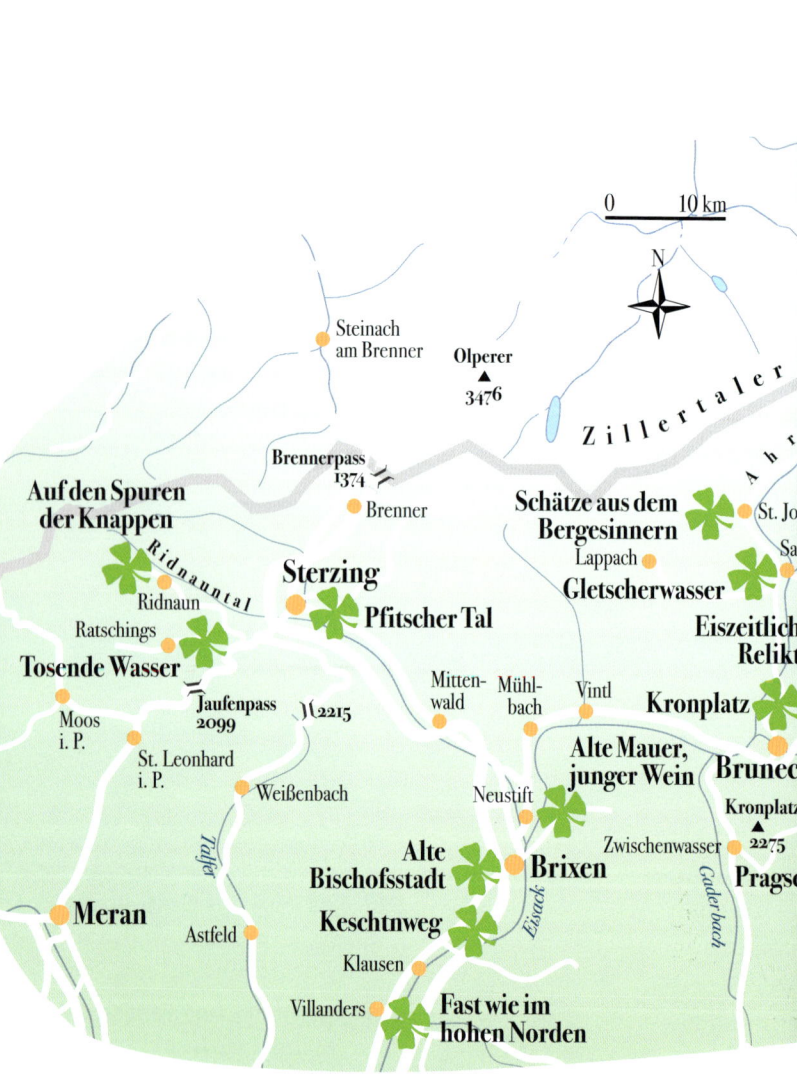

Der Nordosten

Brenner, Brixen und Pustertal

Grün trennt weiß und grau. So lässt sich das waldreiche Tal der Rienz charakterisieren, das zwischen den (vergletscherten) Zillertaler Alpen im Norden und den grauen Dolomitzinnen im Süden liegt. Mittelpunkt ist das Städtchen Bruneck, weiter westlich, am Eisack, liegen Sterzing und die ehemalige Bischofsstadt Brixen – beide mit historischem Kern. Der lädt zum Flanieren ein, und wenn die Sonne scheint, setzt man sich gerne draußen hin zum Apéro.

Auf den Spuren
DER KNAPPEN

Der historische Bergbau am Schneeberg und das Knappendorf St. Martin.

Es ist dunkel, kalt und zugig. Das Licht der Stirnlampe zittert über den rau behauenen Felsen, unter den Sohlen der Gummistiefel platscht das Wasser. Instinktiv geht man etwas geduckt, trotzdem knallt der Helm ab und zu gegen die Tunneldecke.

Willkommen im Bauch des Schneeberges, tief unter der ehemaligen Bergwerkssiedlung. Über den Besuchern befinden sich ein paar Hundert Meter Fels, noch etwas weiter zurück der Eingang des Stollens. Kurzer Halt, dann heißt es: alle Lichter ausmachen! Schlagartig ist es finster, stockfinster. Nicht einmal die Hand vor dem Gesicht ist noch zu erkennen. Kurz steigt ein Gefühl von Panik auf, da geht das Licht schon wieder an. Tief durchatmen und nicht daran denken, dass die Knappen mitunter stundenlang in dieser absoluten Dunkelheit schufteten. Abenteuer light heute, etwas Nervenkitzel inklusive.

Der Bergbau am Schneeberg reicht bis ins 13. Jahrhundert zurück. In einer Urkunde ist die Rede von »argentum bonum de sneberch«. Bis 1979, dem Jahr der endgültigen Stilllegung, lieferte der Berg Silber, Blei- und Kupfererze, zuletzt wurde auch nach Zinkblende gegraben. Die Erzadern ziehen sich durch den gesamten Bergkamm, der das Passeier- vom Ridnauntal trennt. Die Grubeneingänge liegen fast alle im Westen, der Abtransport erfolgte aber von Anfang an ins Ridnauntal, zunächst mit Mulis. Später wurden immer aufwendigere Transportanlagen gebaut: Tunnels, Seilbahnen, Schrägaufzüge, zuletzt auch noch eine Erzstraße. Mit der ehemaligen Stollenbahn werden die modernen »Explorer« nach der Tour durch den Berg zurück ans Tageslicht befördert. Die Sonne scheint, der Himmel ist offen – das sorgt für echte Glücksgefühle.

------

www.bergbaumuseum.it,
www.ratschings.info

Tosende Wasser
ZWISCHEN MARMORFELSEN

Wanderung durch die Gilfenklamm im Ratschingstal

Wie wär's mit etwas Gänsehaut, dazu einer Sauerstoffdusche? Beides bietet die Gilfenklamm, und ein besonders schönes Naturschauspiel dazu. Sie wurde bereits ausgangs des 19. Jahrhunderts durch einen festen Steg erschlossen und auf den Namen »Franz-Josephs-Klamm« getauft. Initianten waren, wie in einem alten Reiseführer nachzulesen ist, der Wirt des Gasthauses Gilfenklamm und der K.-u.-k.-Statthalter in Sterzing, Franz Engel; der DuOeAV half mit bei der Finanzierung. Die Attraktion wurde vom Publikum gut angenommen, doch nach dem Ausbruch des Ersten Weltkrieges kam abrupt das Ende. Die Gäste blieben aus, die Anlage verfiel. Erst in den 1960er-Jahren erinnerte man sich wieder an die wilde Klamm.

Heute ist der erneuerte Steig ein Ausflugsziel für Jung und Alt. Vor allem Kinder haben ihren Spaß an den stiebenden und tosenden Wassern. Das Einmalige: Der Ratschingsbach schneidet an der Talmündung eine mächtige Marmorader. Der weiße Stein war früher sehr geschätzt, er wurde beispielsweise beim Bau der Innsbrucker Hofkirche verwendet. Besonders spektakulär ist der rund 15 Meter hohe Wasserfall im oberen Teil der Schlucht. Hier soll ein spezielles Heilklima herrschen, dank einer hohen Konzentration von aktiven Sauerstoffionen. Gute Luft für Asthmatiker und Allergiker!

In etwa einer Stunde steigt man vom Weiler Stange an der Straße ins Ridnauntal durch die Klamm (Gebühr) hinauf zum Gasthaus Jaufensteg, das an der Straße ins Ratschingstal liegt. Wenn der Bach viel Wasser führt, etwa im Frühling oder nach ein paar Regentagen, kann es schon sein, dass man der Schlucht feucht oder zumindest leicht benebelt entsteigt. Macht nichts, ist ja gesund.

---

www.sterzing-ratschings.com

Der Pretzhof
IM PFITSCHER TAL

Ein Wirthaus und zwei Läden –
immer einen Abstecher wert

Ein Geheimtipp ist der Pretzhof ja schon länger nicht mehr, eine prima Adresse aber immer noch. Dass man auf dem Bauernhof hoch über dem Pfitscher Tal sehr gut essen und auch einkaufen kann, wissen Genießer aus Bayern schon lange. In den Stuben oder auf der Terrasse vor dem Pretz lässt man sich ganz besonders gerne nieder. Die Speisekarte verspricht Bodenständiges, die meisten Zutaten stammen vom Hof oder aus der näheren Umgebung, und Ulli Mayr zaubert aus ihnen echte Köstlichkeiten auf der Basis überlieferter Rezepte: »Die Kochkünste unserer Großmütter sind die Voraussetzung jeglicher Kochkultur. Was Hof und Jahreszeit hergeben, verwandeln wir in verfeinerte heimische Gerichte.«

Im Hofladele kann man Hausgemachtes kaufen: Speck, Kaminwurzen, Gamsschinken, alles in den Steinkellern des Hofs zur Reife gebracht, außerdem Bergkäse von der Draßbergalm, Marmeladen und Säfte, Honig, Bärlauchpesto, Preiselbeerlikör, Schüttelbrot aus dem Ridnauntal. Hier noch ein Tipp für Weinbeißer: Im Weinladele lagern einige ganz hervorragende Tropfen. Unbedingt verkosten!

GLÜCKSVERSTÄRKER

Klein, aber fein! Die »Kleine Flamme« in der Sterzinger Neustadt mag zwar winzig sein, doch man lasse sich davon nicht täuschen. Burkhard Bacher ist ein Kosmopolit, in den Küchen der Welt zu Hause, ob in Japan, in Thailand oder in Frankreich. Sein Herd steht seit 1998 in Südtirol, und da schaut er auch gerne nach Süden, in die Welt mediterraner Köstlichkeiten.
Neustadt 31, I-39042 Sterzing,
www.kleineflamme.com

Den Pretzhof erreicht man von Sterzing über die Pfitscher-Tal-Straße; hinter Wiesen rechts beschilderte Abzweigung; 8 km ab Sterzing,
www.pretzhof.com

1 **Therme Meran** Die moderne Therme von Matteo Thun ist Gesundheitszentrum (radonhaltiges Wasser) und riesige Wellnessoase in einem (S. 38).
www.termemerano.it

2 **Balneum Sterzing** Nun hat auch Sterzing seine moderne Wasser-Wellness-Anlage mit großen Innen- und Außenbecken, Saunawelt, finnischer Außensauna, einem Hot-Whirlpool usw. Nettes Bistro-Café.
www.balneum.bz.it

3 **Acquarena Brixen** Grenzenlosen Wasserspaß verspricht die Acquarena, samt Riesenrutsche, diversen Saunen, großer Außenanlage (u. a. Kinderspielplatz), Fitnessstudio und Restaurant.
www.acquarena.com

4 **Cron4 Reischach** Die Wasserwelt am Nordfuß des Kronplatzes ist ein Ausflugsziel für die ganze Familie: 800 Quadratmeter Wasserfläche im Innenbereich, eine 75-Meter-Wasserrutsche, ein Solebecken (35 Grad) im Außenbereich und ein Kneipp-Parcours.
www.cron4.it

5 **Mar Dolomit Gröden** Keine Zeitreise (die Dolomiten entstanden aus Meeresablagerungen), sondern ein zeitgemäßes Vergnügen für die ganze Familie bietet das »Dolomitenmeer« in St. Ulrich. Mit großer Wasserrutsche, elf Saunen, Innen- und Außenbecken.
www.mardolomit.com

Brixen, DIE ALTE BISCHOFSSTADT

Ein Hauch von Süden: Bummeln in der Altstadt

Einen ersten Blick auf die Dolomiten, Südtirols Traumberge, hat man bereits auf der Anfahrt, aus einiger Distanz allerdings, als Amuse-Gueule. Da tauchen während der Fahrt entlang des jungen Eisacks hinter Sterzing kurz ein paar hellgraue Zacken auf, die aber bald wieder von einem grünen Höhenrücken verschluckt werden. Brixen, am Zusammenfluss von Rienz und Eisack gelegen, bietet dann keinen Dolomitenblick, dafür aber ein paar markante »Zacken« im Stadtbild: die Türme des barocken Doms und der Pfarrkirche. Berühmter als die beiden Gotteshäuser ist allerdings der dazwischen liegende Kreuzgang, ein lebendiges Kompendium der Südtiroler Freskenmalerei zur Zeit der Gotik. Anschließend geht's in den Dom, wo man sich den Hals nach den Deckengemälden von Paul Troger verrenkt: 250 Quadratmeter, über Kopf gepinselt – was für eine Leistung!

Ein anderer Höhepunkt jeder Kurzvisite Brixens ist ein Bummel durch das historische Geviert der Altstadt. Wer dabei nicht nur auf barocke Mauern und in dekorative Auslagen guckt, sondern sich einfach treiben lässt, spürt sie bald, eine eigenartige Leichtigkeit des Seins: Der Süden ist nahe. Während am Brenner oben noch ein paar Schneeflecken in den Schattenwinkeln an den Winter erinnern, stehen hier in den Gärten Zypressen und Zedern, blüht manchmal bereits im Januar der gelbe Winterjasmin. Da sitzt man an Ostern bei angenehmen Temperaturen draußen auf dem Domplatz, bei einem Caffè oder einem Aperol Spritz. So kann ein Urlaub im Süden Tirols beginnen, im Schatten hoher Berge unter einem offenen Himmel.

------

www.brixen.org

GLÜCKSVERSTÄRKER

Der Finsterwirt in der Domgasse ist eine Brixner Institution. Im Künstlerstübele ist die Südtiroler Historie allgegenwärtig: Hier tafelte die Hautevolee Wiens, gaben sich Künstler des Fin de Siècle ein Stelldichein. Die Küche lässt auch heute nichts zu wünschen übrig, die Weinauswahl ist top.

www.finsterwirt.com

Alte Mauern, JUNGER WEIN

Neustift: das achte Weltwunder vor den Toren Brixens

Ob Brixen bei Neustift liegt oder es sich umgekehrt verhält, ist nicht ganz einfach zu klären. Die ehemalige Bischofsstadt ist älter, das Stift aber immerhin ein Weltwunder. Zumindest die Augustiner sahen das zur Barockzeit wohl so, als sie ihren Ziehbrunnen mit einem Pagodendach versahen, dessen Fries die sieben Weltwunder – und als achtes Neustift zeigt. Im Volksmund heißt er deshalb Wunderbrunnen.

Einigen Grund, auf ihr Kloster – immerhin das größte in Tirol – stolz zu sein, hatten die Chorherren schon. Das Neustift galt über Jahrhunderte hinweg als kulturelles und spirituelles Zentrum, das weit ins Land hinausstrahlte. Die prunkvolle Rokoko-Bibliothek (1778) versammelt rund 90 000 Bücher, Handschriften und Landkarten – was für ein Schatz!

In seiner über 1000-jährigen Geschichte erlebte Neustift viel Auf und Ab. Bei den Bauernaufständen 1525 wurde es von den Truppen Michel Gaismairs geplündert, nach der (vorübergehenden) Säkularisation verschwanden kostbare Kunstwerke, manche wurden auch ins Ausland verkauft wie der Kirchenväteraltar von Michael Pacher (um 1480), der heute in der Alten Pinakothek in München zu besichtigen ist.

Mittelpunkt der weitläufigen Anlage ist die Klosterkirche, die als schönster barocker Sakralraum Südtirols gilt, mit prächtigem Stuck und farbenfrohen Deckengemälden von Matthäus Günther. Obwohl erst 30 Jahre alt, ließ er hier bereits sein großes Talent anklingen. Der Übergang von Malerei zu Stuck ist teilweise fließend, auch Scheinarchitektur wurde an die Decke gepinselt. In einer Seitenkapelle reckt sich der Fuß einer gemalten Figur aus dem Bild – da haben sich die Künstler einen Spaß erlaubt.

Kloster Neustift, Stiftstr. 1,
I-39040 Vahrn, www.kloster-neustift.it

GLÜCKSVERSTÄRKER

Neustift liegt mitten in den Rebbergen, da verwundert es nicht, dass der Weinbau hier Tradition hat. Vor allem die Eisacktaler Weißweine (Sylvaner, Kerner, Pinot Grigio, Veltliner) haben viele Liebhaber. Die Rotweine stammen aus klostereigenen Anbaugebieten um Bozen, die »Praepositus«-Linie steht dabei für absolute Spitzengewächse. Verkauf im Klosterladen.

Fast wie im HOHEN NORDEN

Die Villanderer Alm – eine Südtiroler Tundra?

Südtirol steht für topografische Vielfalt. Das überrascht nicht weiter, ist das Land doch fast vier Kilometer hoch. Es reicht von den mediterran geprägten Talfluren der Etsch bis in die Regionen des »ewigen« Eises, umfasst damit alle Klimazonen zwischen dem Mittelmeer und dem Polarkreis. Trotzdem ist die Überraschung perfekt, wenn man einen Streifzug über die Villanderer Alm unternimmt.

Keine 20 Kilometer von der Landeshauptstadt Bozen erstreckt sich östlich unter dem Villanderer Berg ein riesiges Almrevier, das mit seinen Krummhölzern, Wiesen und Moortümpeln stark an eine nordische Tundra erinnert. Befinden wir uns tatsächlich im Süden Tirols und nicht im kalten Norden Europas? Ein Blick nach Osten, über den tiefen Graben des Eisacktals hinweg, liefert die Bestätigung: Da stehen die Dolomiten, unverkennbar ihr Zackenprofil. Bei Schlechtwetter allerdings, wenn der Himmel grau ist und tief hängende Wolken jede Fernsicht vernebeln, wandert die Szenerie gefühlt glatt um 1500 Kilometer nach Norden. Velkommen i Norge!

Doch dann lichtet sich der Nebel, spitzelt die Sonne durchs Grau, und schließlich taucht am Weg auch schon ein gastliches Haus auf. Da lässt man sich gern zur Marende nieder, sei's im Mair in Plun oder auf der Pfroderalm. Die Frage heißt dann erst einmal: Kaiserschmarren oder Knödel? Wenn auch noch die Geislerspitzen aus den Wolken auftauchen, von der Nachmittagssonne effektvoll zum Leuchten gebracht, ist das Glück perfekt. Da fühlt man sich wieder ganz zu Hause, in den Bergen Südtirols.

Schon erstaunlich, wie weit man wandern kann an so einem Tag, mit etwas atmosphärischer Beihilfe, bis hoch in den Norden Europas – und zurück.

Infobüro Villanders, F.-v.-Defregger-Gasse 6, I-39040 Villanders, www.klausen.it

GLÜCKSVERSTÄRKER

In Villanders kann man nicht nur auf den Berg steigen, sondern auch das Bergesinnere erkunden: am historischen Silberbergwerk. Das im zwölften Jahrhundert erstmals urkundlich erwähnte Bergwerk erlebte im Spätmittelalter seine Blütezeit. Es kann im Rahmen von Führungen besucht werden – auch für Kids garantiert ein spannender Ausflug.

Bergwerk Villanders, Oberland 36, I-39040 Villanders, www.bergwerk.it

Ein besonderes Erlebnis: DER KESCHTNWEG

Wandern überm Eisacktal – im Herbst besonders herrlich!

Das untere Eisacktal ist Transitland, schon seit dem Bau des Kunterswegs im Mittelalter. Endlose Kolonnen von Lastern sind heute auf der Autobahn A 22 unterwegs, Pkws und Motorräder, Urlauber wie Einheimische. Die Eisenbahn hat sich in den Berg verzogen, über weite Strecken zumindest, die Dörfer am Eisack ducken sich – zwischen Wasser und Steilhänge eingezwängt – von Lärm und Abgasen weg.

GLÜCKSVERSTÄRKER

Die Kastanienernte fällt mit einem schönen alten Südtiroler Brauch zusammen: dem Törggelen. Da kommt der Wein, bevor er richtig ausgereift ist, als »Nuier« auf den Tisch. Dazu gibt's gebratene, heiße **Keschtn**, Nüsse, Hauswürste und Schweinsrippen mit Kraut. Ein Festmahl. Aber aufgepasst, auch der ganz junge Wein ist nicht alkoholfrei …

Eisacktaler Kastanienwochen, Mitte Okt.– Anfang Nov., www.eisacktal.com

Keine Idylle. Die lebt ein paar Hundert Meter höher auf den sonnigen Hangterrassen. Feldthurns, Säben, Villanders, Barbian, Ritten: alte Häuser, enge Gassen, da und dort ein Kirchturm, Wiesen, Wald, dazwischen tiefe Gräben. Und Kastanien, genauer: Edelkastanien. Von den Römern vor zwei Jahrtausenden ins Land gebracht, breiteten sie sich im insubrischen Klima des Alpensüdrandes rasch aus, wurden bald geschätzt wegen ihrer sättigenden Früchte. Das kultivierte Buchengewächs, das leicht ein paar Hundert Jahre alt werden kann und im submontanen Höhenbereich (bis 1000 Meter) zu mächtigen Bäumen heranwächst, wurde früher vielfältig genutzt. Die Blüten liefern einen feinen Honig, die stacheligen Schalen dienten als Brennmaterial, die Blätter als Stroh fürs Vieh. Das Holz gilt als sehr robust. Küfer schätzen es besonders, soll doch »in keinen anderen Fässern der Wein so haltbar und köstlich werden«.

Interessant ist ein Blick auf das einst weit verbreitete Verfahren zum Haltbarmachen der Früchte. Sie

wurden zunächst gewässert, um die gesunden von den faulen Kastanien zu trennen. Im sogenannten Trockenhäuschen wurden die Früchte anschließend bei einem rauchigen Feuer »gedörrt«. Man kann die Kastanien auch im Wasser kochen oder im Kamin braten. Im Winter weiß man die *Maroni* als besondere Köstlichkeit in den Städten am nördlichen Alpenrand zu schätzen.

Der durchgehend markierte Keschtnweg folgt der rechten, sonnigeren Talflanke vom Kloster Neustift (S. 108) bis nach Bozen, das bestehende Wegenetz nutzend. Die gesamte, rund 60 Kilometer lange Strecke setzt sich aus vier Tagesetappen zusammen, als schönster Abschnitt gilt jener zwischen Saubach und Unterinn. Und die schönste Jahreszeit? Natürlich der Herbst, wenn die Blätter fallen, der Himmel weit ist und die Kastanien geerntet werden. Dann bieten die Wirtschaften am Weg leckere Kastaniengerichte an, etwa Kastanienknödel oder Kastaniensuppe. Wohl bekomm's!

www.eisacktal.com

Von Hütte zu Hütte,
EIN WANDERTREND

Tagestour oder Mehrtageswanderung? Auswahl gibt es genug!

Wandern liegt im Trend, ganz klar, auch in Südtirol, das sich mit seinem rund 15 000 Kilometer langen Wegenetz als Wanderland schlechthin bezeichnen darf. Zwischen dem schon mediterran geprägten Unterland und den vergletscherten Dreitausendern am Alpenhauptkamm findet jeder sein Ziel, oft mit Einkehrmöglichkeiten unterwegs. Zunehmend populärer wird das Weitwandern von Hütte zu Hütte, möglichst ohne Zwischenabstiege in Tallagen.

Ein absoluter Klassiker ist der rund 90 Kilometer lange Meraner Höhenweg, für dessen Begehung man etwa eine Woche einplanen sollte. Ähnliche Anforderungen stellt die Sarntaler Hufeisentour, wogegen die 13-Hütten-Tour in den Stubaier Alpen erfahrenen Berggängern vorbehalten ist. Im Bereich des Becherhauses (3191 Meter) führt die Route sogar aufs Gletschereis. Am Pfunderer Höhenweg, der von Sterzing nach Bruneck führt, kommt man der weißen Pracht am Zillertaler Hauptkamm ebenfalls recht nahe.

Nicht ganz so hoch hinaus führt der Vinschger Höhenweg. Mit einer Gesamtstrecke von rund 100 Kilometern und mehr als 4000 Höhenmetern Anstieg setzt seine Begehung aber doch eine ordentliche Kondition voraus. Eher etwas für echte Genießer ist die Meraner Waalrunde. Immer am Wasser entlang auf aussichtsreichen Wegen rund um die Kurstadt, unterwegs trifft man auf schmucke Dörfer und viele Einkehrmöglichkeiten. Auf Hüttenzauber muss dabei allerdings verzichtet werden, dafür bieten die Hotels und Gasthöfe entschieden mehr Komfort.

Vergleichsweise rege begangen werden die Dolomiten-Höhenwege, vor allem die Nummer 1, die vom Pragser Wildsee durch die östlichen Dolomiten nach Belluno führt: rund 150 Wanderkilometer in einer faszinierenden Felskulisse. Hundert Glücksmomente inklusive.

---

www.meraner-hoehenweg.com,
www.sarntaler-hufeisenrunde.info,
www.13h.de, www.vinschgau.net,
www.merano-suedtirol.it,
www.dolomiten.net

Tirtlen nach OMAS REZEPT

Das Schmalzgebäck schmeckt köstlich – Glücksgefühle garantiert!

Klasse statt Masse. Das kulinarische Angebot Südtirols hat sich in den letzten Jahrzehnten stark gewandelt, zum Guten: feine Küche statt großer Portionen, gekonnt variierte alte Rezepte unter Verwendung regionaler Zutaten. Eine Pustertaler Spezialität sind Tirtlen, in heißem Öl gebackene Teigtaschen mit variabler Füllung.

Zutaten für den Teig: 250 g Roggenmehl, 250 g Weizenmehl, 1 EL Öl, 2 Eier, etwas Milch

Zutaten für die Füllung: 200 g Topfen, 100 g Kartoffeln gekocht und geraspelt, 2 EL Schnittlauch, 40 g Zwiebel fein gehackt, Salz

Zubereitung: Aus den Zutaten einen geschmeidigen Teig kneten, dann eine halbe Stunde ruhen lassen. Für die Füllung gehackte Zwiebel in Butter dünsten und erkalten lassen. Mit restlichen Zutaten vermischen und nach Geschmack salzen. Aus dem Teig eine Rolle (Durchmesser 5 cm) formen und in Scheiben schneiden. Mit dem Nudelholz die Scheiben handtellergroß austreiben, Füllung darauf geben, mit einem zweiten Blatt zudecken und Ränder fest andrücken. In heißem Fett schwimmend backen.

Guten Appetit!

Shopping im
HERZEN BRUNECKS

Flanieren und Einkaufen in der beschaulichen Stadtgasse

Bruneck, am Zusammenfluss von Rienz und Ahrn gelegen, galt früher als ziemlich verschlafener Flecken. Das hat sich inzwischen gründlich geändert, das Städtchen mit seinen rund 17 000 Einwohnern feilt an einem neuen Image: modern und trotzdem traditionell. Es wurde viel in die Infrastruktur investiert, zwei Museen im Tal und zwei am Berg ziehen kulturell Interessierte an, und der Kronplatz (S. 118) mit seinen 120 Kilometern Skipiste sorgt im Winter für viele Gäste.

Der alte Ortskern ist hübsch herausgeputzt, und darüber, dass alles seine Ordnung hat, wachen die Türme des Schlosses und der Rainkirche. Die Stadtgasse ist längst autofrei – eine Einladung zum Shoppen. Verführungen gibt es reichlich, und die Brunecker wissen natürlich genau, wo man den besten Speck bekommt (Bernardi), erstklassige Weine, die feinste Patisserie (Acherer) oder fesche Klamotten (Boutique Anders). Vor dem historischen Geviert lädt eine breite, baumbestandene Promenade zum Flanieren oder zu einem Apéro ein.

---

www.bruneck.com

Corones: KRONPLATZ

Reinhold Messners Mountain Museum auf dem Kronplatz

Dass ein Museum zum Thema Bergsteigen auf einem Gipfel liegt, mit viel Aussicht auf noch mehr Berge, ist irgendwie logisch. Und ganz besonders einleuchtend, wenn der Patron Reinhold Messner heißt, der gerade mal 25 Kilometer vom Kronplatz entfernt das Licht der (Berg-)Welt erblickte. Finanziert wurde das MMM von der Betreibergesellschaft des Kronplatz-Skigebietes, ohne Hilfe vom Land, wie man durchaus selbstbewusst vermerkt. Das Geschäft blüht also, und etwas Kultur zwischen so vielen Liften und Schneekanonen tut dem Image gut. Dazu die beiden Namen Messner und Hadid: der weltberühmte Bergsteiger und Abenteurer und die nicht weniger renommierte Architektin. Dass Zaha Hadid (1950–2016) die Südtiroler Landschaft und den Brunecker Hausberg nie persönlich in Augenschein genommen hat, wirkt allerdings ein wenig befremdlich. Trotzdem, ein Besuch lohnt sich.

Man betritt das Museum auf der Ostseite, steigt dann ab ins Bergesinnere. Und sieht sich sogleich gefangen von der besonderen Formensprache des Innenbaus. Rundungen, geschwungene Linien – ein faszinierender Kontrast zur schroffen Bergnatur. Ausgestellt sind allerlei Alpin-Devotionalien. Zentrales Thema des Museums Corones ist die Epoche des klassischen Bergsteigens, mit Blick auf die großen Gipfel und Wände der ganzen Welt. Drei riesige »Augen« lenken den Blick des Besuchers dann wieder nach draußen – auf die Heimatberge Reinhold Messners. Dass die dem Massenskilauf geopferte Seite des Kronplatzes (2275 Meter) ausgespart bleibt, ist vielleicht Absicht. Eine Mahnung an uns, auf einen sorgsameren Umgang mit der Natur zu achten?

Messner Mountain Museum Corones, Kronplatz, I-39030 Enneberg, www.messner-mountain-museum.it

GLÜCKSVERSTÄRKER

Neben Corones gibt es auf dem Kronplatz seit Kurzem ein zweites Museum: LUMEN (Licht), in der umgebauten alten Seilbahnstation. Passendes Thema: die Bergfotografie. Eine phänomenale Aussicht bietet dann der rundum verglaste Anbau mit dem Restaurant AlpiNN. Leitung: der Drei-Sterne-Koch Norbert Niederkofler. Noch ein Gipfelerlebnis?

www.alpinn.it

1 **Plose (2486 m)** Der Hausberg von Brixen bietet eines der schönsten Panoramen Südtirols, vom Ortler bis zum Großglockner und tief in die Dolomiten. Seilbahn von St. Andrä bis Kreuztal, dann eineinviertel Stunden zu Fuß. Plosehütte knapp unter dem Gipfel.

2 **Penegal (1737 m)** Fast das ganze Südtirol auf einen Blick. Das bietet der Penegal, der sich westlich von Bozen im Mendelkamm erhebt. Straßenzufahrt und Wanderweg (1,5 Std.) vom Mendelpass (1363 m).

3 **Kronplatz (2275 m)** Den Skiberg rühmte vor 150 Jahren schon Paul Grohmann als erstklassige Aussichtswarte mit großem Panorama. Lifte und Wanderwege von Reischach und der Furkel.

4 **Speikboden (2517 m)** Gletschereis und Dolomitfels prägen das Panorama vom Speikboden. Speikboden- und Sonnklarlifte bis knapp unter den Gipfel (30 Min., schöne Rundwanderung möglich).

5 **Rodella (2387 m)** Vom Sellajoch führt eine Sandstraße zur Rodellahütte (knapp 1 Std.). Absoluter Gag: Serviert wird auch auf dem (Flach-)Dach des Hauses – mehr Aussicht geht nicht: Sella, Langkofel, Marmolada, Rosengarten usw.

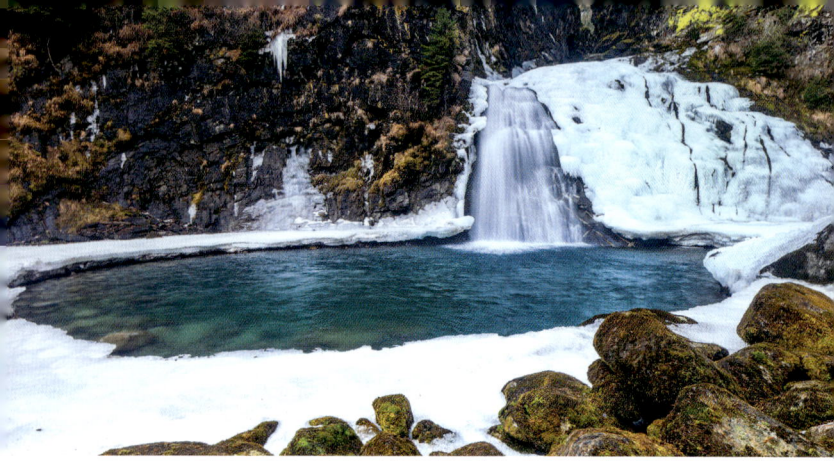

Wo die Gletscherwasser
RAUSCHEN

Die Reiner Wasserfälle laden zur Besinnung ein

Während Schloss Taufers ein absoluter Blickfang im Talkessel von Sand ist, versteckt sich eine andere Sehenswürdigkeit diskret in dem engen Graben des untersten Reintals. Hier stiebt der gleichnamige Bach, gespeist von den Gletschern der Rieserfernergruppe, über mehrere Felsstufen hinab. Das sorgt vor allem im Sommer, wenn das Eis schmilzt, für ein prächtiges Schauspiel. In eineinhalb Stunden steigt man vom Ortsteil Winkel auf dem Franziskusweg im Wald auf zum obersten Fall. In mehreren Stationen, die zur Besinnung anregen sollen, wird der Sonnengesang des heiligen Franz von Assisi thematisiert. Italiens Energiebehörde, die ENEL, träumte weniger von der Schönheit der Schöpfung, sie plante in den 1970er-Jahren einen riesigen Stausee im Reintal, was auch das Ende der Reinbachfälle bedeutet hätte. Glücklicherweise wurde nichts daraus, die Rieserfernergruppe steht heute unter Naturschutz. Dazu passt so mancher Gedanke des Heiligen, war er doch ein Reformer seiner Zeit, Papst Johannes Paul II. machte ihn sogar zum Patron des Umweltschutzes.

www.sand-in-taufers.org

Schätze aus dem
BERGESINNEREN

Eine Augenweide: das
Mineralienmuseum Kirchler in Ahrntal.

Mineralien sind die verborgenen Schätze unserer Berge, vor Jahrmillionen in ihrem heißen Inneren entstanden, funkelnde Preziosen, die schon immer die Fantasie der Menschen anregten. Es gibt sie in fast allen Gebirgen der Erde, natürlich auch in den Alpen und da vorzugsweise in Gesteinen, die magmatischen Ursprungs sind (Granit), oder solchen, die durch Metamorphose entstanden (Gneis). Auch dem Laien dürfte der Bergkristall ein Begriff sein. Diese Quarz-Varietät findet sich in tiefen Gesteinsklüften. Die größten entdeckten Exemplare brachten ein Gewicht von über einer Tonne auf die Waage!

Artur Kirchler ist Mineraliensucher aus Leidenschaft. In seinem schönen Museum in Ahrntal sind über 1000 Exponate ausgestellt, Funde vor allem aus den Zillertaler Alpen – seinen Heimatbergen – und den Hohen Tauern, darunter der größte je in Südtirol gefundene Rauchquarz und eine ganz besondere Rarität: ein Bergkristallgwindl aus einem Stollen des Prettauer Bergwerks. Fantastisch!

Die Knappen stießen beim Vortrieb nicht nur auf Kupferadern, sondern auch auf kostbare Mineralien. Heute ist das Bergwerk ein Museum, von Mai bis Oktober kann man in den Berg einfahren.

Mineralienmuseum Kirchler,
Mühlegg 101, I-39030 Ahrntal,
www.mineralienmuseum.com

Eindrucksvolle
EISZEITLICHE RELIKTE

Fantastische Naturwunder: die Erdpyramiden von Platten

Die französische Bezeichnung ist eindeutig charmanter: *les demoiselles coiffées*. Daneben nimmt sich der deutsche Begriff eher spröde aus, wissenschaftlich halt: Erdpyramiden. Gemeint ist dasselbe Phänomen, entstanden aus eiszeitlichem Moränenschutt, durchsetzt mit größeren und kleineren Felsbrocken. Den Part des Künstlers, der die mehr oder minder schlanken »Fräuleins« (demoiselles) modelliert, übernimmt das Wasser. Es befördert den Schutt talabwärts. Wo ein Stein die Abtragung verhindert, entsteht nach und nach ein immer höher wachsender Turm. Bis er schließlich seinen Hut verliert und die Erosion ihren Lauf nimmt. Schöne Kunst, aber nicht für die Ewigkeit.

Erdpyramiden begegnet man in Südtirol im Bereich der großen Täler der Etsch, des Eisacks und der Rienz, in denen vor Jahrtausenden das Gletschereis im Zeitlupentempo unterwegs war und dabei immense Mengen an Gestein und Erdreich transportierte. Berühmt sind die Vorkommen am Ritten bei Bozen, sehr sehenswert auch die Erdpyramiden bei Platten im Pustertal. Wer sie besuchen will, sollte seine Wanderschuhe einpacken, dazu vielleicht Teleskopstöcke. Denn der Abstieg entlang der Erdpyramiden ist zwar ausgebaut, aber sehr steil. Dafür kommt man den eiszeitlichen Grazien im Lahngraben fast zum Anfassen nahe. Das Wasser arbeitet hier nicht nur am Moränenschutt, es hat drunten im Tal schon mehrfach für Murabgänge gesorgt.

Hinterher, nach einem zwar kurzen, aber ebenfalls steilen Gegenanstieg, wird man dann gerne im Gasthof Schönblick in Platten einkehren und bei einer Südtiroler Marende den schönen Blick übers Pustertal auf die Pragser Dolomiten genießen.

www.kronplatz.com

Das Hotel Autentis –
MY SÜDTIROL MOMENT

Ferien in Antholz, nicht nur für Wandervögel

Natürlich ist es kein Nachteil, wenn zu einem Hotel gleich noch eine Metzgerei gehört und beides in einer (Familien-)Hand ist. Beim Autentis – My Südtirol Moment im Pustertal ist genau das der Fall. 1954 kaufte Anton Steiner den Hanserhof in Niederrasen und baute ihn zu einem Gasthaus mit zwölf Zimmern und einer Metzgerei um. Heute führt Enkel Toni zusammen mit seiner Frau Cornelia das Hotel, jetzt mit 70 Betten. Antipasti und Fleisch kommen direkt vom Metzger, und natürlich verfügt das Haus auch über einen Wellnessbereich samt Pool.

Dass sich die Gäste hier besonders wohlfühlen, liegt allerdings vor allem an einer Gastfreundschaft, die von Herzen kommt. Das Haus gehört zu der Vereinigung alpiner Wanderhotels, sommers wie winters werden geführte Wanderungen angeboten. Außerdem gibt's noch einen ganz speziellen Workshop: Dabei lernen auch Leute aus dem flachen Land, wie Speck fachgerecht in hauchdünne Scheiben geschnitten wird. Eine Kunst! Und die passt prima: ganz auf der Höhe der Zeit, aber bodenständig. Authentisch halt.

Autentis – My Südtirol Moment, Kirchdorf 3, I-39030 Rasen im Antholzer Tal, www.hotel-adler.it

Wandern am ANTHOLZER SEE

Landschaftsjuwel unter dem Hochgall inklusive Wissen to go

Wer bei Olang, der Beschilderung Antholz folgend, von der Pustertaler Straße abbiegt, hat sie bereits vor sich, die mächtigen Gipfel der Rieserfernergruppe. Von Fernern ist allerdings nichts zu sehen, die Gletscher liegen alle auf der Nordabdachung des Massivs. Dafür schmückt sich die Südflanke mit einem stehenden Gewässer: dem Antholzer See (auch Untersee genannt), 44 Hektar groß und bis zu 36 Meter tief. Seine weitgehend unverbauten, bewaldeten Ufer laden zu einem Spaziergang ein, Schautafeln informieren über naturkundliche Belange. Der Norduferweg wird übrigens im Winter geräumt, und wenn der See ordentlich zugefroren ist, kann man übers Wasser – pardon: Eis – zurückwandern. Ein ganz besonderes Erlebnis! Da sind Glücksgefühle garantiert.

Am See ist die Reise noch keineswegs zu Ende. Die alte Militärstraße (Einbahnregelung) windet sich über ein paar Serpentinen hinauf zum Staller Sattel (2052 Meter), dem uralten Übergang ins Osttiroler Defereggental. Jenseits der Wasserscheide liegt, umrahmt von Almweiden, der Obersee.

---

www.antholz.bz

Frühmorgens
AM PRAGSER WILDSEE

Der Pustertaler Hotspot aus der Vogelperspektive

Noch so ein moderner Opferplatz, von Instagram und Co. zum Hotspot erklärt und anschließend von den Massen niedergetrampelt. Schade, denn der Pragser Wildsee ist ein echtes Juwel, majestätisch überragt vom Seekofel, dessen kantige Silhouette sich bei Windstille im Wasser spiegelt. Da fällt es einem leicht, sich in dieses bezaubernde Bild zu verlieben.

Also ganz früh aus den Federn, bevor die Massen kommen. Auf den riesigen Parkplätzen stehen erst wenige Autos, am Uferweg sind zwei, drei Menschen mit großen Rucksäcken unterwegs. Es ist gebirgsfrisch an diesem Spätsommertag, still liegt der See da, grün schimmernd das Wasser, und an den Gipfelfelsen des Seekofels züngeln die ersten Sonnenstrahlen. Das Alleswisser-Handy ist aus, Anschluss an die große Welt nicht erwünscht. Mir reicht die kleine, überschaubare (Berg-)Welt.

Der schotterige Weg steigt steil an gegen das Nabige Loch, eine kleine Klamm. Dahinter gabelt er sich, rechts geht es hinauf in den Ofen. Der Wald bleibt zurück, das Grün wird weniger, das Gelände zunehmend felsiger. An der Ofenscharte weist ein Schild zum Gipfel: »Seekofel – Croda del Becco«. Gut 400 Höhenmeter noch, zunächst am schroffen Grat, anschließend über den südseitigen, breiten Rücken des Berges.

Das Panorama ist eine Wucht. Und der Vogelschaublick auf den Pragser Wildsee einfach unglaublich. Tiefe Zufriedenheit erfasst dich, der Alltag ist weit weg, der Himmel ganz nah. Du schaust über all die Berge rundum, begrüßt so manchen Bekannten, Erinnerungen werden wach, an viele Tage wie diesen.

Da bimmelt ein Handy: »pronto!« Jemand will wohl wissen, ob der Signore schon oben angekommen ist. »Si, naturalmente.« Kein Entrinnen, nirgendwo?

---

www.prags.net

Blumenwunder
LEONTOPODIUM ALPINUM

Kleine Sehenswürdigkeiten am Wegrand

Lina freut sich, klar, Papa hat schließlich versprochen, dass sie heute bestimmt ein paar von den weißen Sternen entdecken wird. Dann sind es sogar ganz viele, überall auf der mageren Wiese mit den vielen Steinen. Die sind fast so weiß wie die pelzige Blume: Dolomit halt. Das Gestein gibt's hier schon seit mehr als 200 Millionen Jahren, das Edelweiß ist erst nach dem Ende der letzten Eiszeit aus den Hochsteppen Asiens eingewandert. Richtig befeuert wurde seine »Karriere« im 19. Jahrhundert durch die um sich greifende Romantisierung der Bergwelt. Insbesondere in den deutschsprachigen Alpenländern entwickelte sich das Edelweiß zur Symbolblume, ganz im Gegensatz zu Italien (*stella alpina*) und Frankreich, wo bis heute sogar der deutsche Name üblich ist.

In den Ostalpen ziert die Kultblume Schnapsflaschen, Tirolerhüte, Alpenvereinsabzeichen. Hotels und Berghütten schmücken sich mit dem Namen, auch Gebirgstruppen bedienten sich bei der Botanik. Und sogar das Wiener Kaiserpaar machte Werbung fürs edle Weiße. Er (Kaiser Franz Joseph I.) soll ihr (Sisi) bei einer Wanderung ein Edelweiß mit den Worten gepflückt haben: »Das erste in meinem Leben, das ich selbst gepflückt.« Franz Xaver Winterhalter, ein berühmter Porträtist seiner Zeit, malte die Kaiserin mit ins Haar geflochtenem Edelweiß. Der Schmuck stammte vom Hofjuwelier – und wurde von der Hautevolee in der Donaumetropole fleißig kopiert.

Dass Edelweiß vor allem im Steilfels siedeln würden, ist allerdings eine Mär, obwohl immer wieder kolportiert. Da entdeckt man – mit etwas Glück – die seltene Schopf-Teufelskralle und die Felsaurikel, beide auch kalkliebend. www.florafauna.it

Aus dem Dunkel
ANS LICHT

Sonnenaufgang am Dürrenstein

Es ist dunkel, ja finster – und still. Nur meine Schritte sind zu hören: ein leises Knirschen im Sand. Am Himmel viel Sternenzauber und eine dünne Mondsichel. Etwas mehr Licht spendet die Stirnlampe, die ein kurzes Wegstück vor mir beleuchtet. Ab und zu gerät eine Farbmarkierung in den Lichtkegel oder eine Kuh, die ihre Sommerfrische auf der Dürrensteinalm verbringt und sich möglicherweise über den nächtlichen Besucher wundert. Mein Ziel ist der gleichnamige Gipfel, den einschlägige Führer als »berühmten, leicht zu besteigenden Aussichtspunkt« bezeichnen. Mit dem Zusatz, dass er auch zu den beliebtesten Wanderzielen im Pustertal gehört. Sozusagen ein Südtiroler »Jochberg«, also ein Hotspot des hiesigen Tourismus. Auch heute – die Wetteraussichten sind optimal – werden sich garantiert wieder sehr viele Panoramasüchtige unter dem Gipfelkreuz versammeln, ihre Selfies mit den Drei Zinnen oder dem Cristallo knipsen.

Noch herrscht Ruhe am Berg, ein paar dienstbare Geister dürften sich bald in den Hotelküchen auf der Plätzwiese einfinden: Frühstück für die Pensionsgäste. Ein Cappuccino, ja, das wär's jetzt. Später, denke ich, wenn ich wieder unten bin, der Parkplatz sich allmählich füllt, Bergschuhe geschnürt und Rucksäcke geschultert werden. Rund 900 Höhenmeter weit ist der Aufstieg zum Gipfel, zwei Stunden maximal, wenn ich einigermaßen zügig gehe. Gut die Hälfte des Weges liegt bereits hinter mir.

Am Osthimmel weicht die Schwärze einem dunklen Grau, dafür verlöschen die winzigen Sternenlichter nach und nach. Die Hohe Gaisl schält sich langsam aus ihrem Nachtgewand, ganz im Süden bekommen Piz Popena und Cristallo felsiges Profil. Nicht mehr weit zu meinem Gipfel. Ich mache die Stirnlampe aus – mittlerweile ist es hell genug –, konzentriere mich auf die am Grat ansteigende Spur. Zuletzt etwas Fels, ein Drahtseil als Hilfe, dann bin ich oben am Kreuz: 2839 Meter über dem Spiegel des Mittelmeers, wie die *Cartografi del IGM* berechnet haben. Was für eine Schau! Hunderte Gipfel rundum, vom Großglockner bis zum Ortler, von Ost über Süd bis West dazu lauter

Dolomitenzacken, darunter viele alte Bekannte. Ein halbes Bergsteigerleben auf einen Blick.

Dann taucht die Sonne im Osten über dem grauen Rücken des Hochebenkofels auf – ein grandioses Schauspiel, alltäglich und doch überwältigend. Ganze sieben Minuten ist das Licht des lebenspendenden Fusionsreaktors unterwegs auf dem Weg zur Erde: 150 Millionen Kilometer. Fasziniert schaue ich zu, wie Felswände bemalt werden, Schattendunkel sich hinab in die Täler verzieht und die Landschaft sich am Tageslicht wärmt. Gipfelglück, ein ganz besonderes dazu! Erleben dürfen, wie die Welt ins Leben, ins Licht zurückkehrt: ein Triumph, ein Wunder.

Tourismusverein Pragser Tal,
Außerprags 78, I-39030 Prags,
www.drei-zinnen.info

Chris Oberhammer
IM TILIA

Ganz oben im Pustertal – ein Highlight der Kulinarik

Das Ungewöhnliche war schon immer Teil von Chris Oberhammers Lebensphilosophie. Ungewöhnlich ist ja bereits der Platz seines Gourmetrestaurants Tilia: ein moderner Würfel aus Glas, Stahl und Beton mitten im Park des ehemaligen Grand Hotels Toblach. Alte Mauern als Kulisse, noch ältere darüber: Dolomitengrau. Drinnen empfängt den Gast eine angenehme Atmosphäre, die ihn gleich gefangen nimmt. Ungewöhnlich, nein außergewöhnlich ist, was Chris Oberhammer auf den Teller zaubert. Kein Wunder, dass seine Kreationen von Michelin mit einem Stern geadelt wurden.

In der Heimat Paul Bocuses lernte er auch das Handwerk, was man seiner Kunst durchaus anmerkt. Dabei hat er seine Wurzeln im Pustertal, mitten in den Südtiroler Bergen, nie vergessen. Die Zutaten seiner Gerichte stammen überwiegend aus der Region, also von lokalen Produzenten, die Chris Oberhammer persönlich kennt. Sein Projekt *Mons* – ladinisch für Berge – ist ihm deshalb eine besondere Herzensangelegenheit, soll es doch für die Bauern der Region ein Weg zurück sein, der in die Zukunft führt: naturgerecht, nachhaltig und schmackhaft.

Zu den Köstlichkeiten aus der Tilia-Küche gehört natürlich eine adäquate Weinbegleitung. Dafür ist Anita Mancini zuständig, Sommelière aus einer alten Winzerfamilie.

Seinen Platz in der Südtiroler Gastroszene hat sich Chris Oberhammer übrigens fein ausgesucht: am höchsten Punkt des Pustertals, direkt auf der Wasserscheide zwischen Rienz und Drau. Da gehört er hin, ganz klar, an die Spitze. Das wissen auch seine Gäste, bei denen ein Besuch im Tilia regelmäßig für intensive Glücksgefühle sorgt.

---

*Tilia, Dolomitenstraße 31b,
I-39034 Toblach, www.tilia.bz*

Glück auf
ZWEI RÄDERN

20 Kilometer und 20 Serpentinen zum Marchginggele

Die Steigung ist moderat, aber anhaltend. Kies knirscht unter den Reifen, da und dort liegen größere Steine auf der Fahrbahn. Konzentration ist wichtig, anhalten schlecht, weil die Schuhe mit Riemchen an den Pedalen hängen. Kein Blick für die Landschaft, immer die nächsten zehn Meter der schmalen Sandstraße im Auge. Und die nächste Kehre. Zwanzig sind es bis zum Gipfel, das hat dir die Landkarte verraten – noch fünf also. Du nimmst einen Schluck aus dem Bidon. Der ist fast leer, deine Batterie auch. Nicht aufgeben. Links – rechts. Jeder Pedaltritt bringt dich dem Ziel näher, dem Gipfel mit dem schönen Namen Marchginggele – 2545 Meter über dem Spiegel des Mittelmeers.

In Toblach drunten ging's los, hinauf zum Innicher Eck, dann sanft bergab zum Sattel von St. Silvester, wo der zweite, härtere Teil der Strecke beginnt. Erbaut wurde die Straße zu Mussolinis Zeit, als der Diktator im Süden jenem im Norden nicht über den Weg traute und deshalb an einem *Vallo Alpino* bastelte. Genützt hat er nichts, beide Figuren sind von der Weltbühne gefegt worden.

Die letzte Serpentine noch, dann bist du oben. Ausschnaufen. Das Rennrad liegt im Gras, der Pilot hockt in der Wiese, grabscht nach einem Fruchtriegel und schaut sich das Panorama an – endlich! Blickfang im Südosten sind die Sextener Dolomiten, rechts flankiert von den Ampezzaner Dreitausendern. Toll!

Südtirol 1968. Das Bergrad mit den dicken Stollenreifen war noch nicht erfunden. Heute ist ein Gerät mit Scheibenbremsen und guter Federung Standard. Und das einst »vergessene« Marchginggele ein beliebtes Ziel für MTB-Cracks, Sommerwirtschaft am Gipfel inklusive. Mit Garantie eine Herausforderung, auch für gut Trainierte. Doch wenn's geschafft ist, erlebt man pures Glück auf zwei Rädern.

www.drei-zinnen.info

Ein Platz ZUM INNEHALTEN

Romanische Baukunst: die Stiftskirche von Innichen

In dem Gotteshaus stehend, das die Einheimischen schlicht »Dom« nennen, frage ich mich, was für ein Weltbild die Menschen wohl hatten, damals vor 1000 Jahren, als diese Mauern hochgezogen wurden. Zu einer Zeit, als die Welt noch eine Scheibe war, niemand von Amerika wusste und die Klöster das Wissen verwahrten. Ich staune über die Fähigkeiten der Baumeister, der Maurer und Steinmetze, fast ohne technische Hilfsmittel ein Bauwerk zu schaffen, das Jahrhunderte, Kriege, Plünderungen und Unwetter überdauert hat. Innichen war damals ein bescheidenes Bauerndorf. Kirche und Kloster, von dem bayerischen Herzog Tassilo III. gegründet, sollten den Machtanspruch gegenüber den Slawen zementieren.

Im dreischiffigen Inneren des Gotteshauses ist es zunächst die monumentale Kreuzigungsgruppe, die alle Aufmerksamkeit auf sich zieht. Die drei ausdrucksstarken Figuren – Christus zwischen Maria und Johannes – sind fast 800 Jahre alt, wirken aber zeitlos modern. Aus romanischer Zeit stammen auch das große Kuppelfresko, das thematisch einen weiten Bogen von der Erschaffung der Gestirne bis zur Vertreibung aus dem Paradies spannt, und die Krypta mit ihren archaisch anmutenden Tiersymbolen. Das Deckengemälde wurde vor drei Jahrhunderten übertüncht (und so konserviert), die Krypta im 19. Jahrhundert zugeschüttet. Erst die gründliche Restaurierung des romanischen Baus förderte beides wieder zutage – ein Glück. Die ursprünglich hier beheimateten Slawen haben in der Gegend übrigens neben diversen Flurnamen markante Zeichen in der Landschaft rund um Innichen zurückgelassen: die »Heuharfen«, hölzerne Gestelle, auf denen das geschnittene Gras zum Trocknen aufgehängt wurde.

www.innichen.net

GLÜCKSVERSTÄRKER

Noch viel tiefer in die Geschichte des Hochpustertals und der Dolomiten kann man im Museum DoloMythos von Michael Wachtler eintauchen. Es entführt seine Besucher auf eine faszinierende Reise in die Vergangenheit, bis zurück in jene ganz ferne Zeit, als Dinosaurier auf unserer Erde unterwegs waren.

DoloMythos, Rainerstr. 11,
I-39038 Innichen,
www.dolomythos.com

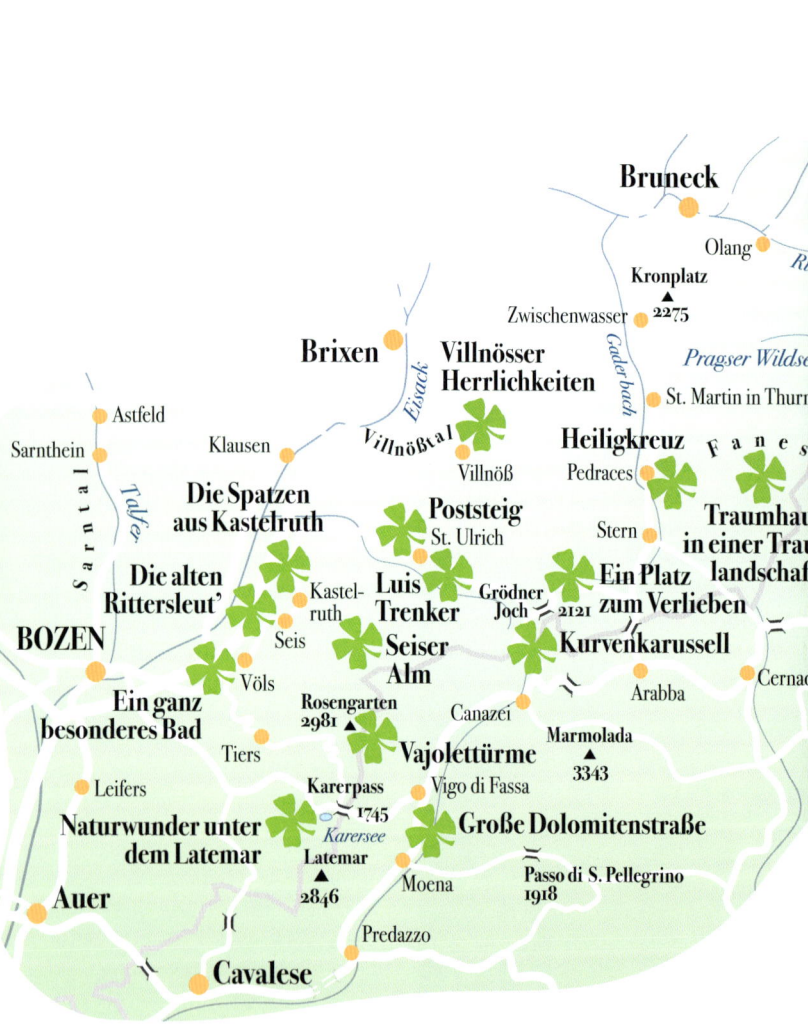

Der Südosten

Die Dolomiten

Das schönste Gebirge der Welt? Die Dolomiten! Meinte zumindest Le Corbusier, und wer möchte dem Meister da widersprechen? Ihre bizarren Bauten bilden die Grenze zum Trentino und Venetien – als Fortissimo des Südtiroler Landschaftszaubers sozusagen. Steinerne Herausforderungen oder Magie der Berge. Am schönsten erlebbar zu Fuß – Schritt um Schritt. Wer auf einer hoch gelegenen Berghütte übernachtet, kann fantastische Dämmerstunden erleben.

Villnösser
HERRLICHKEITEN

Ein unvergleichlicher Genuss fürs Auge und für den Gaumen

Beim Stichwort Villnöß denkt man zuerst an Reinhold Messner, der hier geboren wurde, dann aber gleich an die Geislerspitzen. Die wetteifern mit den Drei Zinnen um den Spitzenrang unter den beliebtesten Südtiroler Bergmotiven. So verwundert es nicht, dass gleich mehrere Almen im inneren Villnösstal Besuchern den fantastischen Ausblick auf die Nordwände der Geisler mit Südtiroler Bauernkost kulinarisch veredeln. Und da steht die Kaserillalm ganz vorne. Denn auf dieser Alm wird noch gekäst – und wie!

GLÜCKSVERSTÄRKER

Wer's gerne etwas sportlicher hätte, nimmt sich den Adolf-Munkel-Weg vor. Der legendäre Höhenweg verbindet die Almen unter den Nordabstürzen der Geislerspitzen, ausgehend von der Broglesalm. Start- und Zielpunkt ist der Wanderparkplatz Ranui im inneren Villnöss, reine Gehzeit etwa 6 Std. Mehrere Einkehrmöglichkeiten unterwegs.

Thomas Mantinger verarbeitet jeden Sommer etwa 15 000 Liter Milch mit Nüssen und Kräutern zu Berg-, Weich- und Frischkäse. Auch Joghurt gibt's aus eigener Produktion, der Speck kommt vom Hof drunten im Tal. Zur Marende gehört ein Glas Wein – vielleicht aus der Eisacktaler Nachbarschaft. Da könnte man glatt behaupten, der Weg bis ins Paradies sei gerade mal eine Gehstunde weit. In der Zeit schaffen es nämlich auch weniger gut Trainierte bis zur Kaserillalm (1920 Meter), wo ein Selfie mit den Geislerspitzen als fotogene Kulisse fällig ist. Aus respektvoller Distanz schaut man in die senkrechten Felsmauern, an denen die Südtiroler Bergsteigerlegende erste Kletterversuche unternahm. Die Geisler waren so etwas wie eine »vertikale Kinderstube« für den jungen Reinhold. Mit 23 Jahren durchstieg er als erster die Nordwand der Furchetta (3025 Meter) – im Winter!

Kaserillalm, Alm 5, I-39040 Villnöß, www.unterkantiolerhof.com

Der alte POSTSTEIG

Der schönste und entspannendste Weg ins Grödner Tal

Eile ist nicht unbedingt eine Tugend, und manchmal steht sie dem echten Genuss sogar im Weg. Wer am Steuer seines SUV ins Grödner Tal brettert, braucht von der Autobahnausfahrt bis zum Ortsschild von St. Ulrich keine 20 Minuten. Allerdings verpasst er so einiges. Genießer gehen lieber zu Fuß, folgen dem alten Weg, auf dem bis 1856 zweimal wöchentlich die Post ins Tal kam.

Später, der Tourismus »eroberte« die Dolomiten, dampfte die Eisenbahn von Klausen ins Grödner Tal, konnten die Reisenden ganz bequem das Bergpanorama genießen. Der Autowahn der 1960er-Jahre bereitete diesem Vergnügen ein abruptes Ende. Geblieben ist der Poststeig, der etwas höher am Sonnenhang verläuft und Abstand hält zur modernen Zeit. So wandert man hinein ins Grödner Tal, bestaunt dabei den größten Zahn hier, den Langkofel (3179 Meter), den ein Wiener als erster bestieg (Paul Grohmann, 1869), und fühlt sich ein bisschen zurückversetzt in jene Zeit, als Luis Trenker (1892–1990), die Bergsteigerlegende aus St. Ulrich, dem bundesdeutschen Fernsehpublikum von seiner Heimat erzählte, und dass er »einfach auffi muaß aufn Berg« (S. 147).

Lajen, in dessen Nähe möglicherweise der Minnesänger Walther von der Vogelweide geboren wurde (Vogelweider Hof), ist Startpunkt der leichten Wanderung, die – erst sanft ansteigend, dann mehr oder weniger flach verlaufend – über Tschöfas und St. Peter taleinwärts führt. Nach etwa halber Wegstrecke lädt der Pedrutscherhof zur Einkehr. Wenig weiter geht's in den Wald: Schatten statt Aussicht, von Moos überwachsene Bergsturzfelsen. Oberhalb von Runggaditsch kommt man wieder ans Licht, öffnet sich der weite Talkessel von St. Ulrich, überragt vom Langkofel. Was für ein Bild!

GLÜCKSVERSTÄRKER

Gröden ist Ladinerheimat. Hier spricht man aber nicht nur ladinisch, man pflegt auch das kulinarische Erbe des Dolomitenvolkes. Da bietet es sich an, den schönen Wandertag mit einem feinen Essen abzurunden, etwa in der Stube Vives mitten in St. Ulrich. Feine Küche, freundlicher Service – und den Blick auf den Saslonch gibt's umsonst dazu.

Via Rezia 231, I-39046 St. Ulrich,
www.stubevives.it

Ein Platz
ZUM VERLIEBEN

Das Chalet Gerard an der Straße zum Grödner Joch

Manche Hotels punkten mit ihrer Lage. Andere werden geschätzt für ihre feine Küche. Doch besonders gerne steigt man in Häusern ab, in denen Gastfreundschaft mehr als nur eingeübte Professionalität im Umgang mit den Gästen bedeutet.

Ab und an kommt im besten Sinn alles zusammen. Wie beim Chalet Gerard, das mit seinem elegant geschwungenen Dach ein echter Hingucker an der Grödner-Joch-Straße ist – moderne Architektur, sehr gelungen. Da kehrt man gerne ein, bietet die Terrasse doch den schönsten Langkofel- und Sellablick weit und breit. Und wer im Chalet übernachtet, steigt morgens mit den ersten Sonnenstrahlen am hohen Gipfelgrat des Saslonch aus den Federn … Der Tag gehört dann den Bergen, für Streifzüge per pedes, mit dem Radl oder auch nur für einen Ausflug zum Grödner Joch. Am Abend lässt man sich von Helga Mussners Kochkünsten verwöhnen: ladinische Gerichte, Polenta in verschiedenen Variationen, Risotto, Wild und feine Schwammerl, dazu passend ein Südtiroler Wein.

Chalet Gerard, Plan de Gralba 37, I-39048 Wolkenstein, www.chalet-gerard.com

Luis Trenker, EIN MANN DER BERGE

Er brachte die Dolomiten ins deutsche Fernsehen

Auch drei Jahrzehnte nach seinem Tod kennt ihn in Gröden jedes Kind: Luis Trenker. Er war der Botschafter des Tals und seiner Berge. Und eine schillernde Persönlichkeit. Bera Luis, wie ihn seine Freunde nannten, lebte und arbeitete als Bergführer, Schauspieler und Filmregisseur, als Geschichtenerzähler und Schriftsteller. Berühmt machten ihn vor allem seine frühen Filme aus den 1930er-Jahren wie »Berge in Flammen« über den Dolomitenkrieg oder »Der verlorene Sohn«, der eine gescheiterte Emigration in die USA thematisierte. Sie brachten ihn allerdings auch ins Zwielicht, die Nähe zu den Nazis ist Teil seiner Biografie. Ein breites Publikum fand er im deutschsprachigen Raum durch seine Fernsehsendung im Bayerischen Rundfunk »Luis Trenker erzählt«. Denn das konnte der stets braun gebrannte Bergler, gestenreich machte er auch den Norddeutschen (die ihn wohl nur teilweise verstanden) klar, dass man einfach »auffi muaß aufn Berg«.

Das Museum Gherdëina zeigt Dokumente und Sammlerstücke aus dem Archiv Luis Trenker. Via Rezia 83, I-39046 St. Ulrich, www.museumgherdeina.it

Klettern light: KLETTERSTEIG FÜR ANFÄNGER

Gut gesichert auf die Via Ferrata an der Kleinen Cirspitze

Die Dolomiten sind Abenteuerland. Für Rennradler, Kletterer, für Paraglider und Bergläufer, für Gelegenheitssportler und echte Cracks. Und für Klettersteiger. Sie bewegen sich im steilen Felsgelände, im Gegensatz zu den Kletterern allerdings entlang fest montierter Sicherungen. Nicht ohne Grund heißen diese Routen in Italien *Via ferrate* – Eisenwege. In den Dolomiten erlebte das Klettersteiggehen in den 1960er-Jahren seinen ersten Boom, heute gibt es hier weit über hundert dieser gesicherten Steige.

Neugierig geworden? Mauro Bernardi, Bergführer in Wolkenstein, begleitet abenteuerlustige Einsteiger gerne auf die *Vie ferrate*, macht sie mit Ausrüstung und dem richtigen Verhalten vertraut. Ein ideales Übungsgelände findet sich gleich oberhalb des Grödner Jochs: die Kleine Cirspitze, ein schroffer Felszacken. Rund hundert Höhenmeter liegen zwischen Einstieg und Gipfelkreuz. Schnell lernt man das Gehen auf schmalen Felsleisten und Absätzen, die Hand stets am Drahtseil. Das verleiht Sicherheit, da ist auch der Blick in die Tiefe nicht mehr tabu. Eine Schrofenrampe noch, die letzten Klettermeter – klick-klick! –, dann ist man oben. Tief durchatmen, ein Shakehands mit Mauro. Freude über die eigene Leistung, klar.

»Da drüben«, sagt er und weist auf den Brunecker Turm, »verläuft der Pisciadù-Klettersteig, ein mittelschwieriger, recht langer Klettersteig. Der steht morgen auf dem Programm.« Die verschattete Nordmauer der Sella schaut recht furchteinflößend aus. Da hinauf? Mauro lächelt, er kennt die Route und seine Kunden. Ein Führer halt, auf den man sich verlassen kann.

---

www.maurobernardi.com

GLÜCKSVERSTÄRKER

Der Pisciadù-Klettersteig ist möglicherweise der am stärksten frequentierte der Dolomiten. Kurz der Zustieg, spannend im Verlauf, faszinierend die Felskulisse und als finaler Gag die leicht schwankende Hängebrücke. Die ist sogar von der Grödner-Joch-Ostrampe zu sehen (zwischen Kehre 4 und 5 oberhalb von Kolfuschg).

www.alta-badia.org

Berghütten TOP 10

1 **Sesvennahütte (2258 m)** Nahe der Schweizer Grenze im Obervinschgau gelegene AVS-Hütte mit bequemem Zustieg und einem schönen Tourenrevier, sommers wie winters.
www.sesvenna.com

2 **Düsseldorfer Hütte (2721 m)** Leicht erreichbares Haus im Ortlergebiet mit vielfältigen Tourenmöglichkeiten. Einmalig der Blick auf Königsspitze, Zebrù und Ortler.
www.duesseldorferhuette.com

3 **Zufallhütte (2265 m)** Wanderziel für Familien im innersten Martelltal (spektakulärer Schluchtweg) mit fantastischen Tourenmöglichkeiten, im Sommer wie im Winter. Komfortable Ausstattung, prima Küche.
www.zufallhuette.com

4 **Becherhaus (3191 m)** Als höchstgelegene Schutzhütte Südtirols ist das Becherhaus auch ohne Gipfelbesteigung (Wilder Freiger) ein anspruchsvolles Tourenziel (7 Std. ab Maiern im Ridnauntal).
www.becherhaus.com

5 **Edelrauthütte (2545 m)** Die 2016 neu erbaute Hütte am Eisbruggjoch wird oft im Zusammenhang mit dem Pfunderer Höhenweg oder dem Neveser Höhenweg besucht.
www.edelrauthuette.it

6 Schlüterhütte (2297 m) Beliebtes Wanderziel im Talschluss von Villnöß, am Dolomiten-Höhenweg 2 gelegen. Herrliche freie Sicht auf die Nordabstürze der Geislerspitzen, gute Küche.
www.schlueterhuette.com

7 Tierser-Alpl-Hütte (2440 m) An der Nahtstelle zwischen Schlernmassiv und Rosengarten gelegenes Haus mit vielfältigen Tourenmöglichkeiten. Erst kürzlich ausgebaut, feine Küche.
www.tieseralpl.com

8 Schlernhaus (2457 m) Traditionsreiches, 1884 eröffnetes Haus in Gipfelnähe, an dem alle Schlern-Besteiger vorbeikommen. Gediegene Innenausstattung aus der »guten alten Zeit«.
www.schlernhaus.it

9 Faneshütte (2060 m) Herrliche Lage, feine, ladinisch geprägte Küche, gemütliche Zimmer und aufmerksame Gastgeber. Dazu ein riesiges Tourenrevier. Bergsteigerherz, was willst du mehr?
www.rifugiofanes.com

10 Büllelejochhütte (2528 m) Klein, aber fein! Gut geführte Hütte, die höchstgelegene in den Sextener Dolomiten, mit vielfältigen Tourenmöglichkeiten, von der Höhenwanderung bis zur *Via ferrata*.
www.rifugiopiandicengia.it

Seiser Alm, die GRÖSSTE HOCHALM EUROPAS

Naturparadies zwischen Schlern und Langkofel

Sie gehört zu den großen Landschaftswundern Südtirols, die Seiser Alm mit ihren Kulissenbergen. Was für ein Ensemble: grüne Hügel, da und dort ein Waldflecken und am Horizont das gewaltige Felsmassiv des Langkofels. Zigtausendfach abgelichtet, wandern Alm und Berg auf dem Handy um die halbe Welt, mal um ein paar Haflinger, dann mit den Schlernzacken ergänzt. Im Sommer riecht's hier nach Heu, und bunte Blumen säumen den Wegrand, nicken im leichten Wind. Vom Wetter dunkel gebräunte Heuhütten (Schwaigen) stehen in der Wiese, die eine oder andere zur Einkehr um- und ausgebaut. So etwas wissen Besucher zu schätzen, denn Wandern macht hungrig, und das »Forst« schmeckt mit Blick auf die Dolomiten-Herrlichkeit noch besser.

Die Alm ist ein Paradies, berühmt vor allem für seine Flora, was »Anfang des XIX. Jahrhunderts ein wahres Wettrennen der Pflanzenkenner nach der Seiseralpe veranlasste.« Als Raoul Heinrich Francé das schrieb (1912), hatte das Auto die Alpen noch lange nicht erobert. Die Invasion startete erst in den 1950er-Jahren. Dies bewog die Südtiroler Landesregierung dann zur Einrichtung eines ersten Naturparks, gegen den heftigen Widerstand von Jägern und Bauern. So sind Teile der Hochebene seit 1974 der touristischen Erschließung und der Intensiv-Landwirtschaft entzogen, bleibt (wenigstens innerhalb der Schutzzone) die artenreiche Flora erhalten. Seit einigen Jahren ist der Autoverkehr im Bereich der Alm stark eingeschränkt, dafür verbindet eine Gondelbahn Seis mit der Hotelsiedlung Compatsch im nördlichen Teil der fast 60 Quadratkilometer großen Alm. Der Erschließungsdruck bleibt trotzdem, auch durch die zahllosen Besucher. Schönheit hat halt ihren Preis.

GLÜCKSVERSTÄRKER

Größe ist nicht alles, das beweist Franz Mulser in seiner winzigen Gostner Schwaige auf der Seiser Alm. Was er auf den Tisch zaubert, ist absolut erstklassig. Der aus Seis stammende Koch, meist in Lederhose, blauem Schurz und Tirolerhut agierend, hat sein (Kunst-)Handwerk von Grund auf gelernt.

Saltriastr. 13, I-39040 Seiser Alm, www.aussergost.com

Die Rauchhütte,
EIN LOGENPLATZ

Seit vier Generationen Genuss für Leib und Seele

Natürlich ist die rund 60 Quadratkilometer große Seiser Alm ein beliebtes Wander- und Bikerrevier. Das Gelände hat eher sanftwelligen Charakter, die schroffen Felszacken halten Abstand, bilden die hinreißende Kulisse. Dass es da viele schöne Plätze gibt, versteht sich fast von selbst. Und dass an so manchem gleich eine Einkehr steht, ist auch keine Überraschung. Kulinarik mit Aussicht, heißt hier die Devise, und das auf teilweise beachtlichem Niveau.

Wie auf der Rauchhütte, die in der vierten Generation von der Familie Lageder geführt wird. Und von »Falstaff« 2020 zur besten Gourmethütte in Südtirol gewählt wurde! Da verwundert es überhaupt nicht, dass so mancher Zufallsbesucher längst zum Stammgast geworden ist. Zumal der Koch sein Handwerk nicht nur versteht, sondern es auch mit Liebe ausübt. Und im Keller lagern über 200 Weine – natürlich vor allem viele feine Gewächse aus Südtiroler Kellereien. Für die ist Tochter Maria zuständig. Chefin ist Helga, und sie liebt ihre Berge: »Gibt es etwas Schöneres und Erhabeneres? Ich stehe immer wieder sprachlos und demütig vor dieser Schöpfung.«

Natürlich hat der gediegene Holzbau eine Terrasse, auf der Südseite, denn da steht der schönste Berg weit und breit: der Langkofel. Rechts flankiert ihn der Plattkofel mit seiner markanten Schräge, links hinter dem »Langen« schauen Sella und Cirspitzen ins Bild.

Saltria 29, I-39040 Seiser Alm,
www.rauchhuette.com

GLÜCKSVERSTÄRKER

Ein Besuch der Rauchhütte lässt sich bestens mit einer Almwanderung verbinden. Sehr zu empfehlen ist der Stegerweg, der an Paula Wiesinger und Hans Steger erinnert, die sich auf der Seiser Alm kennenlernten, erst ein famoses Kletterduo bildeten, dann heirateten und das Hotel Steger-Dellai aufbauten.

www.seiseralm.it

Ein Berg
MIT PROFIL

Der Schlern, Naturwunder und Südtiroler Wahrzeichen

Unverkennbar. Das ist er allemal, der Schlern, dieser Elefantenrücken mit den beiden mächtigen Stoßzähnen.

Der Schlern, 2563 Meter hoch, ist noch viel mehr als ein Berg: ein Blumenwunder und Namensgeber für das hauptsächlich gebirgsbildende Gestein der westlichen Dolomiten, eine Aussichtswarte von Rang und vermutlich einer der am frühesten von Menschen aufgesuchten hohen Berge in den Alpen überhaupt. Als die Römer sich anschickten, das Land an Etsch und Eisack ihrem Reich einzuverleiben, war die »Eroberung« des Schlerns längst Geschichte …

Die Funde vom Schlernplateau werden in die jüngste Eisenzeit datiert. Ungeklärt ist allerdings, ob sie mit einer Almsiedlung oder einer Kultstätte in Zusammenhang stehen. Keinesfalls handelt es sich um Spuren einer prähistorischen Gipfelexpedition – so etwas gab es damals noch nicht. Erst im 19. Jahrhundert, mit der Romantisierung des Hochgebirges, folgten die Städter den Spuren der Jäger und Hirten, man stieg auf die Gipfel, der schönen Aussicht wegen oder des Gefühls, »oben zu sein«.

Jedes Jahr machen sich ein paar Tausend Bergwanderer auf zur Schlerntour. Die meisten kommen von der Seiser Alm (S. 152) herüber, weil Straße bzw. Seilbahn da den langen Weg zum Gipfel angenehm verkürzen. Knapp unter dem Petz, dem höchsten Punkt des Massivs, steht seit 1885 das Schlernhaus, zur großen Aussicht ist es dann nur noch ein Katzensprung. Was für ein Glücksgefühl: das ganze Südtirol im Blick, vom Ortler bis zur Marmolada!

GLÜCKSVERSTÄRKER

Wie wär's mit einer Nacht oben am Berg? Stilvoll tafeln in der Jugendstil-Gaststube des Schlernhauses, frühmorgens dann aus den Federn und der Sonne zuschauen, wie sie hinter den Geislerspitzen auftaucht und die Felsen des Rosengartens aufleuchten lässt – einmalig!
www.schlernhaus.it

Die Spatzen
AUS KASTELRUTH

Südtiroler Musikexport – seit einer halben Ewigkeit

In Südtirol gibt's 210 Musikkapellen – und die Kastelruther Spatzen. Gegründet wurde die Gruppe 1975, ihr Frontmann ist seit 1983 Norbert Rier. Er organisierte 1984 das erste Spatzenfest, das seither alljährlich stattfindet und bis zu 50 000 Besucher anlockt und begeistert. Wie sonst will man die unzähligen Auszeichnungen der Band erklären, die sich damit für alle Zeiten ins kollektive Gedächtnis der Volksmusik-Schlager-Gemeinde eingeschrieben hat. Trotz ihres phänomenalen Erfolgs sind die Chart-Stürmer aus Südtirol aber bodenständig geblieben. Norbert Rier, der nach eigenem Bekunden keine Noten lesen kann, betreibt heute noch auf der Alm eine Haflingerzucht.

Für den Ort Kastelruth sind seine »Spatzen« längst zu einem veritablen Wirtschaftsfaktor geworden. Der Spatzenladen von Walter Mauroner vertreibt Souvenirs für die Fans, und im Museum kann man den Werdegang der Gruppe verfolgen, von ihren Anfängen bis in die Gegenwart. Bereits 2008 erhielt sie die Diamant-Trophäe für 15 Millionen verkaufte Tonträger. Ihren ersten Plattenvertrag unterschrieben die Kastelruther Spatzen 1983, zwei Jahre später konnten sie ihre erste Goldene Schallplatte feiern: »Das Mädchen mit den erloschenen Augen«.

2020 war für die Band ein schwarzes Jahr, alle Konzerte mussten abgesagt werden, natürlich auch die beiden Open Airs in Seis und Kastelruth. Mittlerweile hat der „Spatzen-Express" aber wieder Fahrt aufgenommen, Norbert Rier und seine Truppe sind wie vor Corona unterwegs zu Konzerten, in der Schweiz, in Deutschland, Österreich – und natürlich auch in der Heimat. Darauf freuen sich seine zahllosen Fans.

www.kastelrutherspatzen.de

Ein ganz
BESONDERES BAD

Entspannung für Leib und Seele – wie vor hundert Jahren

Die Methode hat Tradition. Bereits zu K.-u.-k.-Zeiten ließen sich die Kurgäste gerne ins dampfende Heu stecken, bis bloß noch der Kopf herausguckte. Baden im Heu. Von Heinrich Noë, dem Münchner Journalisten, der viel in Südtirol unterwegs war, ist eine anschauliche Beschreibung des alten Brauchs überliefert: »Stundenlang verweilen die Bauern im Bad, und die Maß Wein, die in Reichweite steht, wird fleißig nachgefüllt. Viele rauchen auch, und wenn die Leute durch diese Kur vielleicht nicht gesund werden, so ist es doch offenbar, daß sie eine schöne Ausstattung an Gesundheit mitgebracht haben, um eine derartige allgemeine Anfeuchtung wochenlang auszuhalten.«

In der Zwischenkriegszeit ging der Brauch weitgehend vergessen, allerdings nicht in Völs. Da ist man der Heilkraft des Almheus treu geblieben. Das »Heilmittel« stammt übrigens vom Schlern, und gilt als besonders wirksam. Das behaupteten zumindest die Völser Heuer, die nach der anstrengenden Mahd am Berg im Heu schliefen und am anderen Morgen bestens erholt aufwachten.

Im Hotel Heubad praktiziert man die ganz besondere Art von Wellness seit über 100 Jahren, mit zunehmendem Erfolg. Was wohl auch daran liegt, dass die Hektik in Berufsleben und Alltag geradezu nach einer Form der Regeneration verlangt, bei der sich Tempo und Unruhe von selbst verbieten. Hier passt einfach alles zusammen: freundliche Gastgeber, eine angenehme Atmosphäre, und auch die Küche hält durchaus Schritt. So verbringt man gerne seinen Urlaub, und wenn ab und zu der feine Duft des Heus von den Schlernwiesen in der Nase kitzelt, tut das dem Wohlbefinden garantiert keinen Abbruch.

Hotel Heubad, Schlernstr. 13, I-39050 Völs, www.hotelheubad.com

Schon die alten
RITTERSLEUT'

Der Oswald-von-Wolkenstein-Ritt – ein spannendes Spektakel

Oswald von Wolkenstein: Ritter, Minnesänger, Abenteurer. Sein Leben war ein wilder Ritt, Siege, aber auch Kerker, Reisen in die halbe (damals bekannte) Welt. Seine letzten Jahre verbrachte er auf seiner Burg Hauenstein hoch über Seis. Sie war wohl nicht sehr angenehm, schrieb er doch: »Nordafrika, Arabien und Persien, die Krim und dann nach Syrien, Byzanz, ins Türkenreich, Georgien – die Sprünge sind vorbei! Was mir an Ehrung ward zuteil durch Fürsten, manche Königin und was ich so an Schönem sah, das büß' ich ab in diesem Bau.«

GLÜCKSVERSTÄRKER

Wer tiefer eintauchen möchte in die Geschichte Tirols, sollte zumindest eine der Burgen in der Gegend besuchen: die Trostburg (Führungen), Ruine Hauenstein (Fußweg ab Seis) oder Schloss Prösels (Führungen).

www.burgeninstitut.com,
www.schloss-proesels.seiseralm.it

1445 starb Oswald von Wolkenstein, ein halbes Jahrtausend später wurden seine Ritterspiele aus der Taufe gehoben, erstmals im Juni 1983. Mittlerweile sind sie aus dem Veranstaltungskalender des Landes nicht mehr wegzudenken und bei Einheimischen und Urlaubern gleichermaßen beliebt. Der Event, ausgetragen vor historischer Kulisse in Kastelruth, Seis, Völs und Prösels, entführt Akteure und Besucher in die Welt des Mittelalters, in die Zeit der Ritter und Minnesänger. Vier Turnierspiele werden nacheinander ausgetragen: das Ringstechen auf dem Kastelruther Kalvarienberg, der Ritt durch das Labyrinth am Fuß von Oswalds Burg Hauenstein (Seis), der Galopp am Völser Weiher und der Torritt bei Schloss Prösels. Dazu kommt ein umfangreiches Rahmenprogramm mit Musik, Gaudi und Gauklern sowie ein mittelalterlicher Markt. Ein Riesenspaß für kleine und große Zuschauer!

www.ovwritt.com

Der Kaffeeröster
VON VÖLS

Valentin Hofer, der erste Qualified Coffee Expert Italiens

Was Leidenschaft und Wissbegierde, wenn sie denn zusammenfinden, so alles bewirken können, beweist die Geschichte von Valentin Hofer geradezu beispielhaft. Eher zufällig zum Kaffeegeschäft gekommen, erlebte er 2007 sein persönliches »Erweckungserlebnis« in der Kaffee-Weltstadt Wien. Seither ist er der braunen Bohne verfallen, beseelt von einem Ziel: dem Kaffee zu einem (verdienten) Spitzenplatz in der Hierarchie der Genüsse zu verhelfen. Nicht weniger als sagenhafte 800 Aromen enthalten Kaffeebohnen – was für eine Vielfalt! Sie zur Entfaltung zu bringen, ist die Aufgabe des Kaffeerösters. Dass Valentin Hofer diese Kunst perfekt beherrscht, steht außer Frage, immerhin ist er der erste EU-zertifizierte Kaffee-Sommelier Italiens.

Für Hofer ist besonders wichtig, dass die gesamte Handelskette, vom Anbau über den Transport, die Verarbeitung bis zum Verkauf höchsten Anforderungen genügt. Er besucht seine Produzenten, um sich über die Bedingungen vor Ort ein Bild zu machen. Seit 2017 ist Hofer an einem Kaffeeprojekt in Honduras beteiligt. Hier gelten natürlich die Grundsätze von fairem Handel, wird nach Bio-Standard gearbeitet.

Wer tiefer eintauchen möchte in die faszinierende Welt des Kaffees, darf einen Besuch des Caroma Coffeeseums nicht versäumen, unter kundiger Führung des »Kaffee-Missionars«. In dem Museum erfährt man alles rund um die Bohne, ihre Geschichte als Genussmittel. Zu bestaunen gibt es neben einer winzigen Kaffeeplantage im Museum auch fast 2000 Kaffeemühlen.

Und im Shop kann man die herrlichen Kaffees kaufen. Damit es am nächsten Morgen zu Hause (fast) so fein duftet wie im Caroma …

Spezialitätenrösterei Caroma, Handwerkerzone 92, I-39050 Völs am Schlern, caroma.info > Coffeeseum

Sport und Wellness
IM TIERSER TAL

Cyprianerhof: Wanderhotel und (viel) mehr

Auf die Frage, was denn entscheidend sei für den Wert einer Immobilie, weiß der Makler natürlich gleich eine Antwort: die Lage! Erst recht, wenn es sich bei dem Anwesen gar um ein Hotel handelt. Wie beim Cyprianerhof im Tierser Tal. Allein schon der Blick auf den Rosengarten ist einen Besuch wert. Wer am Morgen mit dieser Aussicht aufwacht, hat garantiert einen guten Tag vor sich. Dafür sorgen auch Martin Damian und sein engagiertes, freundliches Team. Bergsteigern steht man hier besonders gerne mit Rat und Tat zur Seite – kein Wunder, zieht es auch den Chef immer wieder in seine Berge. »Da steigt man hinauf, über die Almen zu den Felsen, schließlich zum Gipfel, Schritt für Schritt, und ganz allmählich wird der Kopf frei. Die Berge geben uns Kraft und Ruhe zurück.«

Der Cyprianerhof bietet im Sommerhalbjahr geführte Wanderungen, Klettersteig- und Klettertouren an, im Winter Schneeschuhwanderungen und Skitouren. Einmalige Naturerlebnisse sind garantiert – und der Kopf wird bestimmt frei. Gegen die müden Haxen hilft hinterher der schöne Wellnessbereich, die kreativ-feine Küche ist auch dem Bergsteigerhunger gewachsen. Im Weinkeller lagern vorzügliche Gewächse – für jeden Geschmack (und jedes Menü) findet man hier das Passende. Und vielleicht geht ja gerade über den Vajolettürmen (S. 168) der Mond auf.

GLÜCKSVERSTÄRKER

Den Vajolettürmen noch näher als der Cyprianerhof ist die Haniger Schwaige (1904 Meter). Eine familienfreundliche Wanderung führt vom Nigerpass (Bus) hinauf zur Waldgrenze, dann in langer Querung hinüber zur Einkehr auf der Alm. Der Abstieg endet direkt vor dem Cyprianerhof – wie praktisch.

Eugen E. Hüsler, »Zeit zum Wandern – Dolomiten«, Bruckmann Verlag

St. Zyprian 69, I-39050 Tiers am Rosengarten, www.cyprianerhof.com

Sechs Felsspitzen: DIE VAJOLETTÜRME

Steinerne Flammen in König Laurins Rosengarten

Die Natur ist eine geniale Künstlerin. Ganz besonders schön zeigt sich das im Tierser Tal, das unweit vom Eisack *piano* startet, mit leisen Tönen, viel Grün in der Landschaft, sich nach und nach zum *mezzoforte* wandelt, um sich schließlich ganz hinten im Talende unter den Vajolettürmen zu einem anschwellenden *fortissimo* aufzuschwingen. Was für ein Bild, buchstäblich in Stein gemeißelt! Wer am Morgen vor diesem Szenario aufwachen möchte, mietet sich am besten für ein paar Tage im Cyprianerhof (S. 166) ein. Für die anderen empfiehlt sich eine Wanderung zur Haniger Schwaige. Da kommt man den Vajolettürmen so nahe, dass man beim Hinaufschauen zur Spitze des Delagoturms einen steifen Hals riskiert. Benannt ist der schlanke Turm nach dem Innsbrucker Hermann Delago (der übrigens einen vorzüglichen Dolomiten-Wanderführer verfasste).

Zu den schönsten Klettereien in den Dolomiten zählt seine dem Tierser Tal zugewandte Südwestkante. Erstmals begangen wurde sie 1911 von einer Dreier-Seilschaft, angeführt von Tita Piaz. Der »Löwe der Dolomiten«, in Pera di Fassa geboren und lange Jahre Wirt auf der Vajolethütte, zählt zu dem illustren Kreis von Spitzenkletterern, die damals im Rosengarten unterwegs waren, lauter bekannte Namen in der Szene.

Die insgesamt sechs Vajolettürme sind fraglos die schönsten Zacken hier, bei Weitem aber nicht die höchsten. Den Rekord hält der Kesselkogel, einziger Dreitausender (3002 Meter), aber garantiert kein Anwärter auf einen Schönheitspreis. Seinen Namen hat er ganz zu Recht, sieht der Kogel doch ein bisschen aus wie ein arg zerbeulter, auf den Kopf gestellter Blechtopf. Ein lohnendes Gipfelziel ist er trotzdem, aber nur für Geübte.

---

www.tiersertal.com,
www.hanigerschwaige.com

Fern-sehen
AUF DEM GUMMERBERG

Sonne, Mond und Sterne – die Sternwarte Max Valier

Dass man von so manchem Dolomitengipfel eine immense Rundschau genießt, hat sich lange schon herumgesprochen. Doch was sind die 100 oder 200 Kilometer Sicht im Vergleich zu einem Blick in die Weiten des Weltalls? Oben am Gummerberg, fern vom Lichtsmog Bozens, kann man bei wolkenfreiem Himmel jeweils am Donnerstagabend galaktische Fernblicke genießen. Im Okular des Spiegelteleskops erscheinen die Gestirne um das 500-fache vergrößert. Wenn die Ringe des Saturn vor unserem Auge auftauchen, löst das garantiert himmlische Glücksgefühle aus.

Benannt ist die Sternwarte nach dem in Bozen geborene Raketenforscher Max Valier (1895–1930). Er entwickelte in der Zwischenkriegszeit verschiedene Fest- und Flüssigstoffantriebe. Mit dem Raketenschlitten RAK BOB erreichte er 1929 auf dem gefrorenen Tegernsee einen sensationellen Geschwindigkeitsrekord: 400 Stundenkilometer! Ein Jahr später endete die Karriere des Bozners tragisch. Während eines Labortests kam es zu einer Explosion, Valier wurde durch Metallsplitter getötet. Er gilt heute als erstes Opfer der Raketenforschung.

Dass Valier auch eine utopische Erzählung verfasste, erstaunt nicht weiter. Mehr schon, dass in seinem »Spridion Illuxt«, der 1919 im Selbstverlag erschien, bereits von der Atombombe die Rede ist. Die wurde bekannterweise erst zum Ende des Zweiten Weltkrieges entwickelt und kam in Japan zum Einsatz. Im Übrigen ist die Geschichte um den diabolischen Spiridion eine krude Mischung von Liebeskitsch, Macht- und Weltraumfantasien.

Das 2013 eröffnete Planetarium ermöglicht – im Gegensatz zur Sternwarte – bei jedem Wetter eine faszinierende Reise durch die Weiten des Weltalls. Fliegen Sie mit!

»Spridion Illuxt« kann man im Originaltext aus der Bibliothek der Uni Innsbruck herunterladen, diglib.uibk.ac.at.

Das Naturwunder
UNTER DEM LATEMAR

Sisi und der Karersee, ein königliches Vergnügen

Mit Wundern ist das so eine Sache. Was zauberhaft daherkommt, wird heute dem ewig hungrigen Medienwolf vorgeworfen, dann massentauglich gemacht und zum »Darling for all«. Als Sisi 1897 den Sommer im neu erbauten Grand Hotel Karersee verbrachte, reiste man noch mit der Kutsche an, auf der holperigen Straße durchs Eggental. Wien war weit weg, die Berge dafür zum Greifen nah – wie die Kaiserin es mochte. Sie liebte die Natur, dem höfischen Protokoll dagegen konnte sie eher wenig abgewinnen. Ganz modern eigentlich, diese kleinen Fluchten.

Heute reist der Banker aus München mit seinem 911er gerne mal übers Wochenende in den Süden Tirols, wo die schönsten Bergzacken stehen, das Leben nicht ganz so stressig ist wie zu Hause. Er befeuert damit ein Wirtschaftswunder, das dem »Land an der Etsch und im Gebirg'« sagenhaften Wohlstand bescherte. Als Verstärker dieses Effekts wirken mittlerweile Zuckerberg, Instagram und Co. Das nicht unbedingt erbauliche Ergebnis: Massenansturm an den sogenannten Hotspots. Zu denen zählt auch das zauberhafte Gewässer im Karerforst, wirkmächtig überragt von den bleichen Felsknochen des Latemars. Wunderschön!

Wer ihn erleben will, diesen Zauber, zu dem zwingend die Stille gehört, muss aufstehen, bevor die Frühstückstische in den Hotels abgeräumt werden, der Busfahrer zur Weiterfahrt bittet. Wenn die ersten Sonnenstrahlen die Türme des Latemars golden aufleuchten lassen, die majestätischen Fichten noch im Nachtschatten über dem See wachen, kann man vielleicht sogar die Wasserfee Sila an seinem Ufer entdecken. Sisi, die romantische Seele, hat sie bestimmt gekannt. Damals, als es noch still war hier, den ganzen Tag.

Eggental Tourismus, Dolomitenstr. 4, I-39056 Welschnofen, www.eggental.com

Das schönste
KURVENKARUSSELL DER ALPEN

Unterwegs auf der Großen Dolomitenstraße

Wenn ein Straßenzug 100 Serpentinen hat, ist er entweder ein Verkehrshindernis oder eine Sensation. Die Große Dolomitenstraße ist beides, zumindest seit der Massenmotorisierung der Alpenländer. Das war früher mal ganz anders. Da tuckerten ein paar Dutzend Benzinkutschen täglich über die drei Pässe, bei Schönwetter manch ein Benz mit offenem Verdeck. *Tempi passati* – leider. Mittlerweile ist der Andrang so groß, dass es auf dem Kurvenkarussell zu Staus kommt und sogar die zeitweise Sperrung einzelner Streckenabschnitte erwogen wird.

Damit das große Erlebnis nicht zum Ärgernis mutiert, hilft eines: ganz früh aufstehen, lange bevor in Bozen die Lichter ausgehen. Dann liegt der Karersee (S. 172) noch still im Morgenschatten. Über den Karerpass geht's hinab ins Fassatal, anschließend im Links-rechts-Takt hinauf zum Pordoijoch, mit 2239 Metern Seehöhe höchster Punkt der Strecke. Der Serpentinenwalzer setzt sich nach Arabba fort, bei der Straßengabelung von Cernadoi beginnt der Anstieg zum Falzárego (2105 m), dem dritten Pass an der Route. Höchste Zeit, sich vor der allmählich anrollenden Blechlawine in Sicherheit zu bringen. Auf den Wegen zum Lago Limides und zum Gipfel der Croda Negra ist es den ganzen Tag über ruhig, nur ab und zu durchbricht der Warnpfiff eines Murmeltiers die Stille.

Wandern macht hungrig, da ist das Ristorante Da Strobel, knapp einen Kilometer unterhalb der Falzárego-Passhöhe, die richtige Adresse. Allmählich kehrt auf der Großen Dolomitenstraße wieder Ruhe ein, das Gedöns hochgetunter Motorräder verstummt. Bei Pocol öffnet sich dann das letzte Traumbild der 100-Kilometer-Fahrt: Pomagagnon, Cristallo, Sorapis und Antelao, deren Felsen im Abendlicht gelb aufleuchten. Wow!

GLÜCKSVERSTÄRKER

Wer früh am Tag auf dem Pordoijoch eintrifft, sollte sich die Wanderung über den Bindelweg zum Rifugio Viel dal Pan (2432 Meter) nicht entgehen lassen. Das Highlight unterwegs: der herrliche Blick auf die eindrucksvoll vergletscherte Nordabdachung der Marmolada (3343 Meter). Reine Gehzeit hin und zurück knapp drei Stunden, auch für Familien geeignet.

www.rifugiovieldalpan.com

Glück zum Verschenken

Manche mögen's lieber süß. Da ist der **Acherer** in Bruneck eine gute Adresse. Seine fantasievollen Kreationen bezaubern das Auge und schmelzen im Gaumen dahin. Ganz spezielle Süßigkeiten gibt es im **Café Riedl** in Glurns (S. 16): Mäuse. Was es damit auf sich hat, erzählt man Ihnen da gerne.

Zum Wein passen ein guter Speck vom Bauern und ein feines Brot, beispielsweise ein **Paarl** aus dem Obervinschgau oder ein **Schüttelbrot** aus dem Ridnaun.

Das beliebteste Mitbringsel für gute Freunde daheim kommt in Flaschenform daher: ein kräftiger Roter oder ein eleganter Weißwein. Die Auswahl ist fulminant, vor allem im hügeligen Überetsch, das eigentlich ein einziger großer Weinberg ist. **Manincor**, **Schreckbichl**, **Kaltern**, **Kurtatsch**, **Tramin**, **Lageder**. All dies sind Namen, die für höchste Qualität stehen. Das gilt übrigens auch für **Marienberg**. Wer einen feinen Tropfen vom höchstgelegenen Weinberg im Land (und in den Alpen) verschenken will, darf sich allerdings nicht zur Fraktion der Schnäppchenjäger zählen.

Glück zum Mitnehmen

Traumhaus
IN EINER TRAUMLANDSCHAFT

Die Faneshütte im Naturpark Fanes – Sennes – Prags

Berghütten haben ihren Ruf weg, da denken Rotsockler gleich an Natur pur, packende Erlebnisse, Edelweiß und Gipfelkreuz. Doch was nützt mir eine fantastische Abenteuerlandschaft, wenn das Essen mies, die Luft im Nachtlager zum Schneiden dick ist – und der Hüttenvater ein missgelaunter Tyrann?

Es geht glücklicherweise auch ganz anders: Zweier- und Viererzimmer mit kuscheligen Betten, wo man in würzigem Zirbelduft dem Morgen entgegenschlummert, eine Küche, die nicht nur ein leckeres Frühstück bietet, sondern neben ladinischen Spezialitäten auch köstliche Pasta-Variationen hervorzaubert. Und dazu Gastgeber, die ihre Aufgabe ernst nehmen, eine echte Wohlfühlatmosphäre vermitteln. All das bietet die Faneshütte (2060 Meter). Wenn auch noch das Wetter mitspielt, steht einem genussvollen Aufenthalt im sagenumwobenen Murmeltierland von Fanes nichts mehr im Weg.

Den Auftakt macht der Zustieg aus dem Rautal, eine allmähliche Annäherung, Schritt für Schritt, ein herrlicher Bilderreigen. Man staunt über die mächtige Karstquelle oberhalb von Pederü, ist fasziniert von den bunten Gesteinen in der Nordflanke des Col Bechei, von dem mächtige Geröllreißen herabziehen. Im weiten Boden des Valun de Fanes liegt der seichte Lé Piciodel, hinter dem licht bewaldeten Rücken des Ciamparoagn öffnet sich dann die weite Karrenmulde von Kleinfanes. Mittendrin: die Faneshütte.

Ganz Sportliche steigen am Abend noch auf den Col Bechei dessora (2794 Meter), um den Zauber eines Sonnenuntergangs zu genießen. Das beschert dann garantiert höchste Glücksgefühle.

Faneshütte, etwa 2,5 Std. von Pederü (hier Bushalt), Anfang Juni–Mitte Okt., www.rifugiofanes.com

Heiligkreuz:
LA CRUSC

Wahrhaft ankommen: zu Fuß zum Wallfahrtsort unter den Felsen

Heiligkreuz ist einer jener Plätze, die nach einer allmählichen Annäherung verlangen. Schritt um Schritt halt. Vielleicht von Stern herauf oder – fast noch schöner – aus dem Wengental über die Blumenteppiche der Armentarawiesen. Ganz allmählich rücken die himmelhoch ragenden Felsmauern des Kreuzkofelmassivs näher, bis schließlich die Häusergruppe mit der Kirche und dem ehemaligen Mesnerhaus von 1716 ins Bild kommt.

Einst Hospiz für die Pilger, ist es heute ein Gasthaus mit Übernachtungsmöglichkeit. Diese Gelegenheit sollte man sich nicht entgehen lassen.

Erst spät am Nachmittag – die letzten Ausflügler sind in ihren Liftsesseln talwärts geschwebt, ein paar Selfies im Gepäck – entfaltet sich der ganze Zauber des Platzes, zeigt er seine suggestive Kraft. Das Licht der tiefstehenden Abendsonne lässt die Felsen über Heiligkreuz aufleuchten, wärmt unsere Herzen. Das Tal liegt bereits im Schatten, da und dort gehen ein paar Lichter an: ein Moment, zur Ewigkeit gefroren. Fast könnte man da an Wunder glauben ...

Rifugio La Crusc, I-39036 Badia, www.lacrusc.com

Vier Gipfel
AUF EINEN STREICH

Eine tolle Tour: die Vier-Pässe-Runde um das Sellamassiv

Sella Ronda. Ein geflügeltes Wort bei Brettlfans: hinauf mit dem Lift, hinab über bestens präparierte Pisten. Und das in einer Kulisse, die ihresgleichen sucht: Dolomiten-Erlebnis pur. Was bei den Wintersportlern helles Entzücken auslöst, ist auch bei den Radlern beliebt, natürlich im Sommer. 100 Serpentinen auf gut 50 Kilometern – ein Kurvenkarussell, bei dem einem leicht schwindlig werden könnte, vor allem bergab.

Aufwärts geht's entschieden langsamer, da kostet jeder Höhenmeter Kraft. Immerhin summieren sich die vier Anstiege zum Grödner Joch (2121 Meter), zum Sellajoch (2244 Meter), zum Pordoijoch (2239 Meter) und zum Passo di Campolongo (1875 Meter) auf fast 1700 Höhenmeter. Also kaum das richtige Terrain für Untrainierte, ein paar Übungseinheiten vorab müssen schon sein. Wer sich nicht schinden mag, lässt das Rad mit dem gebogenen Lenker im Keller stehen und sattelt auf ein robusteres Gerät mit dicken Reifen um – und einer »Aufstiegshilfe«. Das E-Bike hat den großen Vorteil, dass weniger Anstrengung mehr Genuss bedeutet. Mehr Aussicht auf all die Dolomitenzacken rundum, vom Rosengarten bis zur Marmolada und zur Civetta. Wow!

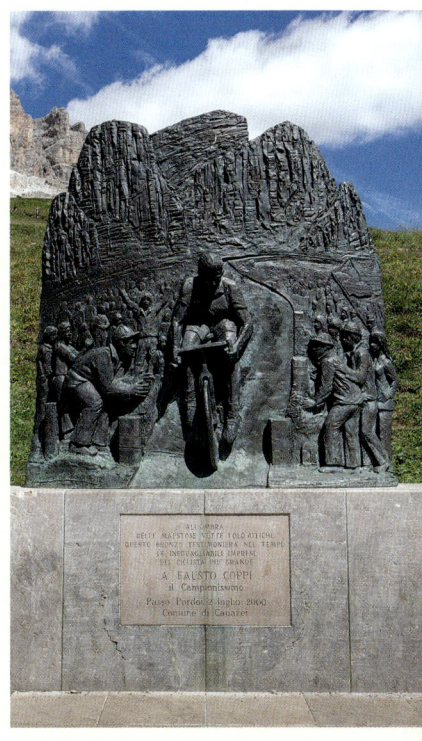

Wenn der TAG ERWACHT

Ein Sonnenaufgang am Gipfel des Helms – unvergesslich!

Westlicher Eckpfeiler des langgestreckten Karnischen Hauptkamms ist der 2474 Meter hohe Helm. Kein herausragender Gipfel, aber ein altberühmter Aussichtspunkt. Das dürfte der Grund gewesen sein, weshalb die AV-Sektion Sillian bereits 1889 beschloss, auf dem Berg eine Schutzhütte zu errichten. Zwei Jahre später war feierliche Eröffnung. Das Haus entwickelte sich zum beliebten Wanderziel. Um die Wende zum 20. Jahrhundert wirtete hier der legendäre Bergführer Sepp Innerkofler. Und das mit Aussicht auf seine Berge, die Sextener Dolomiten, die er ja wohl alle kannte, von der Cima Bagni bis zum Haunold. Herausragend im Panorama: der Zwölfer und die Dreischusterspitze.

Nach dem Ersten Weltkrieg wurde die Hütte nicht mehr touristisch genutzt, und nachdem auch das italienische Militär kein Interesse mehr an dem Bau hatte, verfiel sie mehr und mehr. Seit der Eröffnung der großen Helmbahn ist die Besteigung des Berges nur noch ein besserer Spaziergang, gut eine Stunde zum Gipfel. Ein unvergessliches Erlebnis wird die Wanderung allerdings, wenn man sie ganz früh morgens unternimmt: zum Sonnenaufgang. Im Sommer startet die Bahn im Nachtdunkel, sofern das Wetter passt. In der Dämmerung geht's dann los Richtung Helm, zunächst auf der ehemaligen Militärstraße, dann auf dem markierten Wanderweg. Oben wartet man, bis der Fusionsreaktor, 150 Millionen Kilometer weit weg, seinen großen Auftritt hat. In Sexten ist es noch dunkel, doch an den höchsten Zinnen der Sextener Dolomiten züngelt schon das erste Licht, es verwandelt den graubleichen Fels in leuchtende Flammen. Und dann erscheint die Sonne über den Firngipfeln der Hohen Tauern. Was für ein Gänsehautmoment!

Infos: Frühfahrten Anfang Juli – Anfang Sept. jeweils Di, Anmeldung am Vortag, Tel. +39/04 74 71 03 55, www.dreizinnen.com

Gänsehaut schon
VOR DEM FRÜHSTÜCK

Klein, aber fein: Die Büllelejochhütte in den Sextenern

Es gibt in den Dolomiten viele Plätze, die man einfach mögen muss. Die Büllelejochhütte ist so einer, nicht nur wegen des lustigen Namens. Hier gibt's eine feine Marende, und übernachten kann man ebenfalls. Weil das Haus trotz einer bescheidenen Erweiterung klein geblieben ist, braucht niemand ein Gedränge wie an der Drei-Zinnen-Großhütte zu befürchten. Die Wirtsleute sind ausgesprochen freundlich, und die Küche ist auch einem großen Hunger gewachsen. Einen guten Appetit haben ja die meisten, die am Joch des kleinen Bühels (Büllele) ankommen, egal, ob sie aus dem Fischleintal aufgestiegen oder von der Drei-Zinnen-Hütte herübergewandert sind. Mit vielen herrlichen Dolomitenbildern im Kopf lässt man sich dann auf der Terrasse vor dem Haus nieder, die Haxen entspannt unterm Tisch und eine Weiße vor der Nase.

Ein paar Stunden später, die Sonne hat sich mit einem letzten Flammengruß an den Gipfelfelsen des Zwölfers verabschiedet, wird's ruhig im Haus, Müdigkeit macht sich breit im Obergeschoss, wo sich die Stockbetten befinden. Licht aus! Bald schlafen alle, die meisten traumlos, der eine oder die andere zersägt ein dünnes Brett. Und irgendwann muss jemand austreten: Hüttenleben halt.

An diesem Spätsommertag dämmert es bereits recht früh. Zeit für einen kleinen Ausflug vor die Hüttentür, noch vor dem Frühstück. Die letzten Sterne funkeln am Firmament, der Zwölfer ragt als düsterer Klotz in den Himmel, da taucht die Sonne über dem Elfer auf, ein Lichtblitz zunächst, dann zum Feuerball anwachsend. Es wird Tag in den Sextener Dolomiten, ein Gipfel nach dem anderen bekommt sein goldenes Morgenlicht. Und der Betrachter eine Gänsehaut. Ob's an der kühlen Luft liegt? Wohl eher nicht.

Büllelejochhütte,
www.rifugiopiandicengia.it

Finale furioso: Die
SONNE VERABSCHIEDET SICH

Vorhang auf an den Nordwänden der Drei Zinnen

Man braucht sie eigentlich nicht mehr vorzustellen, jede und jeder kennt die Drei Zinnen, vor allem ihre Nordwände, die seit bald einem Jahrhundert das Revier der besten Kletterer sind. Das Fußvolk bleibt unten, wandert zum Paternsattel oder noch ein Stück weiter zur Drei-Zinnen-Hütte, wo's zu den Speckknödeln einen fantastischen Blick auf die Nordwände gibt.

Die Drei Zinnen sind Legende, Dolomitenlegende, seit der Erstbesteigung der Großen Zinne (2999 Meter) durch Franz Innerkofler mit Paul Grohmann und Peter Salcher. Was wurde nicht alles geschrieben über diesen Dreizack aus Stein. Vor allem über die Nordwände natürlich, über Dramen im Fels. »Der Tod klettert mit!«, war in den Zeitungen zu lesen, als in den 1960er-Jahren die Zeit der Direttissimas anbrach. Die Topsportler unserer Tage haben die Grenzen des Machbaren längst in ganz andere Dimensionen verschoben. Alex Huber überkletterte das große Dach der Westlichen Zinne solo. Der Mensch, ein Spinnenwesen?

Abheben können aber auch jene, die sich dem Wandern verschrieben haben. Dazu braucht's: eine Stirnlampe, einen dicken Pullover und einen schönen Tag ohne aufziehendes Gewölk im Westen. Die Aufführung findet unter freiem Himmel statt, Eintritt gratis. Die Plätze sind nicht nummeriert, Beginn der Show: kurz vor Sonnenuntergang. Dann sitzt du auf deinem Logenplatz, schaust zu, wie Fels, himmelhoch geschichtet, und ein Scheinwerfer – unsere Sonne – ihr faszinierendes Farbspektakel aufführen. Alpenglühen sagen dazu die Bayern, Enrosadüra die Ladiner, was viel schöner klingt. Fast ist es, als ob ein Hauch von Unendlichkeit dieses Bild umwehen würde, das so schnell verklingt, wie es entstanden ist.

---

www.dreizinnen.com,
www.dreizinnenhuette.com

Wer heutzutage reist, also unterwegs ist, hat natürlich sein Handy dabei. Und das ist mittlerweile ein Alleskönner, liefert auch gestochen scharfe Bilder in den schönsten Farben. So werden im 21. Jahrhundert Erlebnisse festgehalten, auf einem Chip, der einmal – vor langer Zeit? – ein Dia war und Anlass für geselliges Beisammensein.

Ein ganz anderes Bild des Reiseziels liefern topografische Karten, aber ein sehr interessantes. Wie ein Vogel schwebt der Betrachter über der Landschaft, folgt sein Auge den vielgewundenen Straßen bis hinauf in alpine Höhen. Der Blick auf das Kartenblatt – Tabacco, Maßstab 1:25 000 – wird bald zum Rückblick, zur Erinnerungsschau. Du folgst deinen Spuren, erinnerst dich an den feinen Speck auf der Seiser Alm, die herrliche Aussicht vom Penegal, ja, und bei der Radltour durchs Überetsch sind wir ordentlich geduscht worden …

Was ich am liebsten nach Hause mitnehme? Schöne Erinnerungen an die Tage im Süden Tirols natürlich.

Register nach Themen

NATUR
Antholzer See 127
Bletterbachschlucht 88
Castelfeder 92
Drei Zinnen 186
Edelweiß 130
Eislöcher Eppan 78
Frühlingstal 76
Gilfenklamm 100
Helm 182
Karersee 172
Kronplatz 118, 121
Montiggler Seen 76
Penegal 86, 121
Plose 121
Pragser Wildsee 128
Reiner Wasserfälle 122
Rodela 121
Salten 68
Seiser Alm 152
Speikboden 121
Timmelsjoch 48
Trauttmansdorff, Gärten 42
Vajolettürme 168
Villanderer Alm 110

KUNST UND KULTUR
Boymont, Ruine 72
Brixen 106
Churburg 20
Corones, Messner-Mountain-Museum 118
Firmian, Messner-Mountain-Museum 70
Glurns 16
Haderburg 94
Heiligkreuz 180
Hocheppan, Schloss 72
Innichen, Stiftskirche 138
Juval, Messner-Mountain-Museum 32
K. u. K.-Museum Bad Egart 37
Kastelruther Spatzen 158
Lumen 119
Mals 14
Marienberg, Kloster 12
Meran 38
Museion 58
Neustift, Kloster 108
Ortles, Messner-Mountain-Museum 19
Ötzi 60
Prad, Open-Air-Atelier 22
Sigmundskron 70

ESSEN UND TRINKEN
Auener Hof 67
Batzenhäusl 54
Finsterwirt 107
Gostner Schwaige 153
Haniger Schwaige 166
Kaserillalm 142
Kleine Flamme 102
Rauchhütte 154
Tilia, Toblach 134
Tirtlen 116

HERBERGEN
Autentis – My Südtirol Moment, Hotel 126
Becherhaus 114, 150
Biohotel Panorama 15
Büllelejochhütte 151, 184
Chalet Gerard 146
Cyprianerhof 166
Düsseldorfer Hütte 150
Edelrauthütte 150
Faneshütte 151, 178
Hanswirt 34
Hotel zum See 28
Jägerhof 50

Schlernhaus 151, 156
Schlüterhütte 151
Sesvennahütte 150
Tierser-Alpl-Hütte 151
Zirmerhof 90
Zufallhütte 31, 150

EINKAUFEN
Alois Lageder, Weingut 75
Bozner Lauben 54
Bruneck 117
Caroma 164
Eisacktaler Kellerei 74
Franz Haas, Weingut 75, 92
Kandlwaalhof 26
Kohl-Apfelsäfte 64
Kräuterschlössl Goldrain 32
Luggin, Karl 26
Manincor, Kellerei 75, 84
Margarete-Spargel 62
Marienberg, Wein 12
Marteller Erdbeeren 28
Muri-Gries, Klosterkellerei 74
Neustift, Klosterkellerei 109
Plattnerhof 65
Pöder-Speck 51
Pretzhof 102
Puni-Destillerie 18
Schreckbichl, Kellerei 74
St. Michael-Eppan, Kellerei 74
Stegener Markt 57
Terlan, Kellerei 74
Thaler, Federkielstickerei 66
Tiefenbrunner, Weingut 75
Tramin, Kellerei 75

SPORTLICH UND AKTIV
Dolomiten-Höhenweg 114
Dürrenstein 132
Guntschna-Promenade 59
Hintere Schöntaufspitze 30
Keschtnweg 112
Kitesurfen am Reschensee 10
Kleine Cirspitze 148
Marchginggele 136
Marlinger Waal 44
Mendel 86
Meraner Höhenweg 114
Meraner Waalrunde 114
Pfunderer Höhenweg 114
Pisciadù-Klettersteig 149
Poststeig 144
Schlern 154
Schneeberg 98
Sella-Runde 181
Spronser Seen 40
Stilfser Joch 24
Überetsch 80
Vièl dal Pan 175
Vinschger Höhenweg 114

ENTSPANNUNG
Acquarena Brixen 105
Balneum Sterzing 105
Cron4 Reischach 105
Heubad, Hotel 160
Kalterer See 82
Mar Dolomit Gröden 105
Therme Meran 38, 105

ÜBERRASCHUNG!
Erdpyramiden Platten 124
Große Dolomitenstraße 174
Kirchler, Mineralienmuseum 122
Knottnkino 46
Laaser Marmor 26
Modelleisenbahn Hanswirt 34
Oswald-von-Wolkenstein-Ritt 162
Schreibmaschinenmuseum 36
Sternwarte Gummerberg 170

Impressum

Verantwortlich: Claudia Hohdorf
Lektorat: Anne Köhler
Korrektorat: Beate Martin
Layout: Leeloo Molnar
Satz: Silke Schüler
Umschlaggestaltung: Jennifer Glas,
Nina Andritzky, Alexander Knoll
Repro: LUDWIG:media
Herstellung: Alexander Knoll
Printed in Poland by CGS Printing

Unser komplettes Programm finden Sie unter

★★★★★

Sind Sie mit diesem Titel zufrieden? Dann würden wir uns über Ihre Weiterempfehlung freuen. Erzählen Sie es im Freundeskreis, berichten Sie Ihrem Buchhändler oder bewerten Sie bei Onlinekauf. Und wenn Sie Kritik, Korrekturen, Aktualisierungen haben, freuen wir uns über Ihre Nachricht an Bruckmann Verlag, Postfach 40 02 09, D-80702 München oder per E-Mail an lektorat@verlagshaus.de.

Alle Angaben dieses Werkes wurden von den Autoren sorgfältig recherchiert und auf den aktuellen Stand gebracht sowie vom Verlag geprüft. Für die Richtigkeit der Angaben kann jedoch keine Haftung übernommen werden. Insbesondere bei GPS-Daten können Abweichungen nicht ausgeschlossen werden. Sollte dieses Werk Links auf Webseiten Dritter enthalten, so machen wir uns die Inhalte nicht zu eigen und übernehmen für die Inhalte keine Haftung.
In diesem Buch wird aus Gründen der besseren Lesbarkeit das generische Maskulinum verwendet. Weibliche und anderweitige Geschlechteridentitäten werden dabei ausdrücklich mitgemeint, soweit es für die Aussage erforderlich ist.

Bildnachweis: Alle Bilder stammen von Manfred Kostner, außer: Eugen Hüsler, S. 15 u., 18, 24 (2), 31 (2), 95, 145 (2), 177 u.; Biohotel Panorama, S. 15 o. Cyprianerhof, S. 167 (2); Gruber Bergwerk Villanders, S. 111 u.; Hotel Heubad/Anneliese Kompatscher, S. 160; Hotel Autentis/Arnold Ritter, S. 126; Hotel Jägerhof/Thomas Rathay, S. 50; Adam Kammerer. S. 137 u.; Lookphotos: S. 29 u., 176 u.l (Rier, Helmuth), S. 176 o.r. (Norbert Eisele-Hein); Mauritius images/Udo Bernhart, S. 11 u., 137 o. (Alamy/Uwe Moser Moser); Pretzhof/Rotwild.it, S. 102 (2); Restaurant Tilia/Chris Oberhammer, S. 134 o.; Restaurant Tilia/Benedetta Bassanelli, S. 134 u.; Shutterstock/Zigres, S. 61; Wikimedia Commons/ManfredK, S. 36; Illustrationen: Shutterstock/Tiwat K: passim

2., aktualisierte Auflage 2023
© 2021 Bruckmann Verlag GmbH, Infanteriestraße 11a, 80797 München
ISBN 978-3-7343-1447-6